Jesus e Javé

Harold Bloom

Jesus e Javé
Os Nomes Divinos

Tradução
José Roberto O'Shea

OBJETIVA

Copyright © 2005 *by* Harold Bloom

Título original:
Jesus and Yahweh: The Names Divine

Todos os direitos desta edição reservados à
EDITORA OBJETIVA LTDA. Rua Cosme Velho, 103
Rio de Janeiro — RJ — CEP: 22241-090
Tel.: (21) 2199-7824 — Fax: (21) 2199-7825
www.objetiva.com.br

Capa
Fatima Agra, sobre *design* original de Honi Werner

Revisão
Ana Kronemberguer
Marta O'Shea
Antonio dos Prazeres
Fatima Fadel

Editoração
FA — Editoração Eletrônica

B655j
    Bloom, Harold
        Jesus e Javé : Os nomes divinos / Harold Bloom; tradução de José Roberto
O'Shea. - Rio de Janeiro : Objetiva, 2006.

    274 p.
    ISBN 85-7302-765-7

    Tradução de : *Jesus and Yahweh : The names divine*

    1. Bíblia - Personagens. 2. Judaísmo. 3. Palestina - Antiguidade - História. I. Título

                                         CDD 220 296 933

Para Donald Harman Akenson

AGRADECIMENTOS

Sou grato ao meu editor, Celina Spiegel. Gostaria também de agradecer aos meus assistentes de pesquisa, Brad Woodworth e Brett Foster, além de meu editor de texto, Toni Rachiele, e meus agentes, Glen Hartley e Lynn Chu, e sua assistente Katy Sprinkel.

SUMÁRIO

Introdução   13
Prelúdio: Oito Reflexões Iniciais   23

PARTE I. JESUS

1. Quem Foi Jesus e o que Ocorreu com Ele?   31
2. As Buscas e os que Buscam Jesus   35
3. As Palavras Enigmáticas de Jesus   43
4. O Testamento Tardio   59
5. São Paulo   71
6. O Evangelho de Marcos   77
7. O Evangelho de João   93
8. Jesus e Cristo   111
9. A Trindade   119
10. Não a Paz, mas a Espada, ou a Influência Divina   135

PARTE II. JAVÉ

11. O Nome Divino: Javé   151
12. Só Javé   155

13.	O que Javé Quer Dizer com "Amor"?	193
14.	O Filho Muito Diferente do Pai	199
15.	Jesus e Javé: O Embate da Genialidade	209
16.	Os Sábios Judeus acerca de Deus	225
17.	O Exílio Voluntário de Javé	233
18.	A Psicologia de Javé	251
19.	A Irreconciabilidade entre Cristianismo e Judaísmo	267
20.	Conclusão: Prova de Realidade	271

Embora Adorado por Nomes Divinos,
Jesus e Javé, serás sempre
Filho da Manhã, ao fim da Noite exausta,
Sonho de Viajante perdido.

— WILLIAM BLAKE, "Portões do Paraíso"

INTRODUÇÃO

Este livro é centrado em três figuras: uma personalidade mais ou menos histórica, Yeshuá de Nazaré; um Deus teológico, Jesus Cristo; e um Deus humano, bastante humano, Javé. Essa sentença inicial não deixa de ser polêmica, mas minha intenção é apenas esclarecer (se puder fazê-lo) e não ofender.

Quase tudo que pode ser sabido a respeito de Yeshuá procede do Novo Testamento, e de escritos afins ou heréticos. Tais escritos são todos tendenciosos: seu intento em relação a nós, leitores ou ouvintes, é evidente e catequizador. Se digo que Yeshuá é "mais ou menos histórico", é porque quase todos os dados realmente importantes a seu respeito chegam a mim por meio de textos nos quais não posso confiar. As buscas do "Jesus histórico", invariavelmente, fracassam, mesmo aquelas empreendidas pelos pesquisadores mais confiáveis. Tais pesquisadores, por mais zelosos que sejam, acabam por descobrir a si mesmos, e não o esquivo e evasivo Yeshuá, enigma dos enigmas. Todo cristão que conheço, aqui ou no exterior, tem o seu Jesus exclusivo. O próprio São Paulo admitia que Yeshuá se tornara tudo, para todos os homens: talvez aí resida a única afinidade autêntica que o grande apóstolo tinha com seu salvador.

Embora o Yeshuá histórico, apesar das multidões que por ele anseiam, por elas jamais será alcançado, Jesus Cristo é um Deus teológico lembrado por diversas tradições rivais: a ortodoxia oriental, o catolicismo romano, os protestantismos normativos — luteranismo, calvinismo e suas variantes —, bem como seitas, antigas e novas, muitas das quais de origem norte-americana. A maior parte dessas inumeráveis cristandades há de rejeitar, prontamente, minha conclusão de que Jesus Cristo e seu suposto pai, Javé, não parecem ser duas pessoas constituídas de uma mesma substância, mas de substâncias deveras muito diferentes. Javé, desde Filo de Alexandria até o presente, tem sido continuamente alegorizado, mas apresenta uma tenacidade sublime, e não pode ser despojado das características absolutamente humanas de sua personalidade e de seu caráter. Supondo-se que Javé tenha optado pelo exílio, ou por se ocultar do aqui e agora, ou que talvez seja culpado de deserção, é possível compreender por que Deuses teológicos o substituíram. Jesus Cristo, o Espírito Santo e a Virgem Mãe Maria tornaram-se, na prática, a Trindade. Javé se recolhe, na remota figura do Deus Pai, ou se mescla à identidade de Jesus Cristo. Estou sendo apenas descritivo, e espero me manter distante da ironia, aqui e em outros trechos deste livro.

Minha cultura é judaica, mas não faço parte do judaísmo normativo; definitivamente, não acredito na Aliança. Aqueles que acreditam, e aqueles que aceitam a submissão que é o islamismo, afirmam que Deus é Uno e que Jesus não é Deus, conquanto o islamismo considere Jesus um predecessor profético do último mensageiro de Alá: Maomé. O monoteísmo de judeus e muçulmanos é tão severo quanto perene.

Mas qual seria, precisamente, a importância do monoteísmo? Goethe, grande ironista, observou: "Enquanto estudantes da natureza, somos panteístas; como poetas, politeístas; enquanto seres morais, monoteístas." Nem mesmo Freud, em nada teísta, foi capaz de evitar a noção de que o monoteísmo constituiu um avanço moral, em relação ao politeísmo. Freud foi sempre judeu ferrenho, embora ateu; mas por que será que a obra de sua autoria intitulada *Moisés e o Monoteísmo* admite, de imediato, que o distanciamento do politeísmo implica um devido "progresso em espiritualidade"? Por que "a idéia de um Deus mais augusto" será mais simpática à psicanálise do que os deuses confusos do Egito, ou os deuses irados dos canaanitas?

A resposta parece se referir à *internalização*, tanto de autoridade quanto de paternidade, no Javé de Moisés. Philip Rieff foi o primeiro a constatar tal resposta, no final dos anos 1950 e em meados dos anos 1960, antes de a Revolução Cultural nos propiciar o Freud incontido, segundo Herbert Marcuse e Norman O. Brown. Atualmente, no início do século XXI, uma volta a Rieff faz vingar as suas percepções, que haviam sido antecipadas pelo profeta Jeremias, cuja visão da Aliança era de que Javé escreveria a Lei em nossas entranhas.

Quando Yeshuá surge na condição de Deus teológico, transformado, primeiramente, pela cristologia do Novo Testamento e, então, de modo mais definitivo, pela filosofia helenista, não está claro, para mim, até que ponto terá sido deformado, visto que Paulo demonstrava pouco interesse na personalidade de Yeshuá, e os Evangelhos Sinóticos (os três Evangelhos além do de João), em tantas passagens, mostram-se diante dele aturdidos. Mas o Javé do texto primeiro, já metamorfoseado em decorrência da confiança depositada pelo Redator no Autor Eclesiástico e no deuteronomista, praticamente, desaparece entre os grandes rabinos normativos do século II da Era Comum: Akiba, Ishmael, Tarphon e seus seguidores.

Toda religião, para Freud, reduz-se ao desejo pelo pai, uma ambivalência edipiana que faz de *O Futuro de uma Ilusão* o livro mais fraco de Freud, pois baseia-se em uma leitura equivocada de Hamlet, que tem afinidades com Montaigne e não com Cristo. A identificação de Freud com Moisés contribui para tornar *Moisés e o Monoteísmo* um dos mais marcantes entre os escritos extraordinários do pensador austríaco, em que Javé, o Deus guerreiro, é civilizado por meio de um remorso judaico, de vez que os próprios judeus matam Moisés, evento imaginado por Freud. Essa condição civilizada, com todo o seu desconforto cultural, é o que Freud quer dizer com "monoteísmo", o que configura uma interpretação surpreendente. Tal "monoteísmo", na verdade, é repressão que estabelece uma civilização benigna, ao passo que o politeísmo é visto como um retorno ao estado de natureza hobbesiano, em que a vida é algo detestável, bruto e breve. As estranhas transposições freudianas procedem porque nos conduzem de volta ao Javé segundo "J" — a Autora original do que é mais marcante no que chamamos hoje de Gênesis, Êxodo e Números —, que concede a bênção de "mais vida, em um tempo ilimitado".

Freud era obcecado pela escultura de Michelangelo que retrata Moisés, por ele interpretada como representando o profeta no ato de proteger as Tábuas da Lei, e não prestes a atirá-las ao chão, furioso e decepcionado com a adoração do povo ao Bezerro de Ouro. O autocontrole de Moisés se funde com a sublimação freudiana de desejos instintivos. Javé não é, em absoluto, uma sublimação. Será Jesus? Em Marcos, não, mas em Mateus, conforme pretendo explicar, sim. Contudo, é possível que a análise que Freud realiza da natureza humana seja irrelevante, tanto em relação a Javé quanto a Jesus Cristo, sejam eles dois Deuses ou um só.

Por que seria importante o fato de o cristianismo representar uma volta ao politeísmo, conforme insistem, guardadas as devidas diferenças, os rabinos e Maomé? A despeito do brilhantismo da teologia cristã, culminando em Tomás de Aquino, a Trindade é estrutura tão sublime quanto problemática, não apenas ao separar os conceitos de pessoa e substância, mas também ao apresentar o Espírito Santo na qualidade de uma terceira pessoa crucial, ao lado do Pai e do Filho, com base em diminutas evidências presentes no Novo Testamento. Mas tampouco nos Evangelhos Sinóticos sou capaz de localizar uma única passagem que identifique de maneira inequívoca Jesus com Deus: tal condição só é conferida em João e, nitidamente, resulta das batalhas que o referido Evangelho trava com os que ali são chamados, em tom irritadiço, de "judeus". Todavia, mesmo em João, a condição está presente, mas não o nome. Javé e Jesus aparecem, em João, vinculados, mas não plenamente fundidos.

Os cristãos, em sua maioria, seja nos Estados Unidos ou em outros locais, não são teólogos, e tendem a tomar em um sentido literal as metáforas dogmáticas. Tal fato não deve ser deplorado, e desconfio que o mesmo fosse verdade em relação aos primeiros cristãos, embora quase pré-teológicos. O que fica, para mim, cada vez mais claro é que, na prática, o surgimento de Jesus enquanto Deus ensejou o que haveria de se tornar a Teologia Cristã. Em outras palavras, desde o início, Jesus Cristo não era Yeshuá, mas um Deus teológico, e não humano. Os mistérios da

Encarnação e da Ressurreição pouco têm a ver com o homem, Yeshuá de Nazaré, e (surpreendentemente) pouco têm a ver até mesmo com Paulo e João, se comparados aos teólogos que lhes seguiram o rastro.

Javé foi e ainda é a personificação mais misteriosa de Deus até hoje ensaiada pela humanidade; no entanto, ele iniciou a carreira como monarca guerreiro do povo a que chamamos de Israel. A despeito de encontrarmos Javé cedo ou tarde na vida, confrontamos uma personalidade exuberante e um caráter tão complexo que decifrá-lo é impossível. Refiro-me apenas ao Javé da Bíblia Hebraica, e não ao Deus daquela obra inteiramente revista, a Bíblia cristã, com o seu Antigo Testamento e gratificante Novo Testamento. O historicismo, seja à antiga ou renovado, parece ser incapaz de confrontar a incompatibilidade total existente entre Javé e Jesus Cristo.

Jack Miles, o Boswell de Javé, no livro *God: A Biography* (Deus: uma biografia), retrata um Javé cujo ponto de partida é uma espécie de falta de autoconhecimento mesclada com poder total e alto grau de narcisismo. Após diversos desastres divinos, conclui Miles, Javé perde o interesse (inclusive em si mesmo). Miles nos faz lembrar, com correção, que Javé, em 2 Samuel, promete a Davi que Salomão há de encontrar um segundo pai no Senhor, adoção que abre o precedente para Jesus afirmar que é filho de Deus. O Jesus histórico, evidentemente, insistia tanto em sua autoridade para falar por Deus quanto em sua íntima relação com o *abba* (pai), e, nesse particular, vejo poucas diferenças entre ele e seus precursores, entre os profetas carismáticos de Israel. A diferença autêntica surgiu com o advento do Deus teológico, Jesus Cristo, com o qual a linha da tradição é, efetivamente, rompida. Javé, a não ser pelas questões de poder, diverge dos deuses de Canaã, principalmente, ao transcender a sexualidade e a morte. Dito de maneira mais abrupta: não se pode conceber Javé agonizando. A Cabala contempla a vida erótica de Deus, mas defende com severidade a tradição normativa que afirma a imortalidade divina. Nada no cristianismo teológico é para mim tão difícil de apreender quanto a noção de Jesus Cristo enquanto um Deus que morre e revive. O sistema que compreende a Encarnação, o Perdão dos Pecados e a Ressurreição põe por terra tanto a Tanak — acrônimo que denomina as três partes que perfazem a Bíblia hebraica: a Torá (os cinco livros de Moisés), os Profetas e os Escritos — quanto a tradição oral judaica. Posso entender um Javé oculto, desertor, em exílio voluntário, mas o suicídio de Javé é algo que está além do hebraísmo.

Eu poderia levantar objeções a mim mesmo, argumentando que Javé, não raro ultrajante, também me deixa perplexo, e que Jesus Cristo é um triunfo de imaginação comparável a Javé, ainda que de maneira bastante diversa. Estou sempre a oscilar entre o agnosticismo e a gnose mística, mas a minha infância judaica ortodoxa perdura em mim na forma da reverência a Javé. Nenhuma outra representação de Deus de que tenho conhecimento se aproxima do Javé paradoxal, conforme descrito pela Autora "J". Talvez eu devesse omitir da sentença anterior as palavras "de Deus", porquanto nem mesmo Shakespeare inventou um personagem cuja personalidade é tão rica em termos de contradições. O Jesus de Marcos, Hamlet e Dom Quixote são os principais concorrentes de Javé, tanto quanto o Odisseu homérico, transmutado no Ulisses cuja história de busca e afogamento reduz Dante, o Peregrino, ao silêncio. Dennis R. MacDonald, na obra *The Homeric Epics and the Gospel of Mark* (Os épicos homéricos e o Evangelho de Marcos, 2000), defende a hipótese de que a cultura literária de Marcos era mais grega do que judaica, o que me parece convincente, visto que o ecletismo do mais antigo dos Evangelhos fica assim enfatizado, embora ligeiramente dúbio, pois o Deus de Marcos ainda é Javé. Mateus é, com toda razão, conhecido como "o Evangelho Judaico"; já não se pode dizer o mesmo do Evangelho de Marcos, embora tenha sido composto logo após a destruição do Templo, e no auge da carnificina que os romanos impuseram aos judeus. Hamlet apresenta algo semelhante às surpreendentes alterações de humor típicas do Jesus de Marcos, e típicas de Javé. Se Dom Quixote pode ser considerado o protagonista da escritura espanhola, então, os seus enigmas podem competir com os do Jesus de Marcos e os de Hamlet.

Não temos como saber o quanto do caráter e da personalidade de Javé terá sido fruto da invenção da Autora "J", assim como o Jesus de Marcos, até certo ponto, parece igualmente singular, ainda que, sem dúvida, influenciado pela tradição oral, tanto quanto o foi o Javé de "J". Pergunto-me se o autor do Evangelho de Marcos não seria responsável por nos apresentar um Jesus propenso a enunciar palavras enigmáticas. Em um contexto que se caracteriza pela expressão "não temos como saber", e no qual aquilo que consideramos fé paulina substitui a informação, o brilhantismo de Marcos explora os limites do nosso entendimento. O Jesus de Marcos afirma uma autoridade que, em dados momentos, mascara certa apreensão quanto à vontade de Javé, o *abba* tão amoroso quanto inescrutável. Somente o Jesus de Marcos passa por uma noite de angústia, diante da morte iminente. Se, conforme pensa MacDonald, o sofrimento de Jesus repete o de Heitor, no final da *Ilíada*, é questão que não pode ser resolvida. Jesus morre após pronunciar uma paráfrase aramaica do Salmo 22, um clamor de Davi, seu antepassado, um *pathos* distante daquele constatado em Homero. Indubitavelmente, o Jesus *histórico* existiu, mas jamais será encontrado, nem precisa sê-lo. *Jesus e Javé: Os Nomes Divinos* não visa à busca. Meu único objetivo é sugerir que Jesus, Jesus Cristo e Javé são três personagens totalmente incompatíveis, e explicar como e por que isso se dá. Entre esses três seres (se assim for possível chamá-los), Javé é o que me deixa mais aturdido, e, basicamente, rouba a cena neste livro. São infindas as deturpações a ele impostas, inclusive por grande parte da tradição rabínica, bem como por pesquisas que permanecem abafadas — quer de origem cristã, quer de origem judaica ou leiga. Javé continua sendo o maior personagem literário, espiritual e ideológico do Ocidente, seja ele conhecido por nomes tão diversos como Ein-Sof ("sem fim", na Cabala) ou Alá (no Alcorão). Deus caprichoso, um diabrete, ele me remete a um aforismo do sombrio Heráclito: "O tempo é uma criança que joga damas; governo de criança."

Onde encontrar o *sentido* de Javé, ou de Jesus, ou de Yeshuá de Nazaré? Não podemos, e não o encontraremos, e "sentido" talvez não seja a categoria certa a ser perseguida. Javé declara-se incompreensível, Jesus Cristo permanece sufocado sob a superestrutura da teologia histórica e, quanto a Yeshuá, tudo o que podemos afirmar é que se trata de um espelho côncavo, no qual enxergamos tão-somente as distorções que cada um de nós se tornou. O Deus hebreu, à semelhança do de Platão, é um moralista ensandecido, enquanto Jesus Cristo é um labirinto teológico e Yeshuá parece ser figura das mais melancólicas e solitárias. A exemplo de Walt Whitman, ao final de *Canção de Mim Mesmo*, Yeshuá encontra-se parado, em algum lugar, à nossa espera.

PRELÚDIO:
OITO REFLEXÕES INICIAIS

1. A Nova Aliança (Testamento) é inteiramente tardia em relação à Tanak. Até certo ponto, as exceções são os *logia*, ou ditos, e as parábolas de Jesus. O enigma que os caracteriza é, por vezes, sem precedentes. Hamlet, Kierkegaard e Kafka são ironistas na trilha de Jesus. Toda a ironia ocidental é uma repetição dos enigmas/charadas de Jesus, um amálgama das ironias de Sócrates.

2. Uma das fontes da "auto-escuta" shakespeariana é Chaucer, mas talvez o principal precursor shakespeariano seja o Jesus de William Tyndale, na Bíblia de Genebra. A internalização, em Shakespeare, vai além da de Jesus, embora Jesus tenha inaugurado o eu interior (em permanente expansão), desenvolvido por Santo Agostinho e levado à perfeição por Shakespeare, em Hamlet, após tê-lo reinventado em Falstaff.

3. O Jesus de Marcos talvez seja a maior aproximação possível do "Jesus histórico". Mateus atenua Marcos. Lucas é mais independente em relação a Marcos, mas também apresenta um Jesus, por vezes, mais sombrio do que o de Mateus.

4. Não resta dúvida que o Jesus histórico existiu, mas só pode ser resgatado aos pedaços, e poucos historiadores são concludentes ao decifrarem tais fragmentos. "Jesus: Uma Biografia" sempre encerra um oximoro. Todos os teólogos, desde Filo até o presente, são alegoristas, e, uma vez que alegoria é ironia, e requer percepção literária, os teólogos quase sempre falham, e Platão, flagrantemente, foge à regra. Teólogos sistemáticos são semelhantes a críticos literários sistemáticos: Paul Tillich é um sucesso relativo, Agostinho é um fracasso magnífico e Northrop Frye também soçobra. Tanto para Agostinho quanto para Frye a Tanak deixa de existir, devorada pela Aliança Tardia. Nem mesmo Marcos, que não é teólogo, oferece-nos um Jesus plenamente convincente: de quando em vez, o preço das suas melhores ironias é a perda da equanimidade.

Que devemos fazer? Pois bem, de início, cabe perguntar: quem somos nós?

Não obstante a maioria dos estudiosos cristãos, finalmente, reconhecer Jesus como judeu — e, evidentemente, ele *era* judeu —, Jesus é hoje norte-americano: tornou-se "multitudo". Nosso Jesus pode ser igualmente batista ou pentecostal ou mórmon ou muçulmano ou africano ou asiático — tanto quanto judeu. Os paradoxos de Jesus sempre foram universais, mas seu personalismo é oitocentista norte-americano, desde a Renovação de Cane Ridge, ocorrida em 1801, até a Renovação à moda circense levada a termo por Charles Grandison Finney, precursor de Billy Sunday e Billy Graham. Oitenta e nove por cento dos norte-americanos informam, regularmente, aos pesquisadores de opinião pública do Instituto Gallup que Jesus os ama, de maneira pessoal e individual. Tal fato sempre me causa espanto, jamais me conduzindo à ironia.

É possível haver um Jesus Verdadeiro, na presente era de apropriação total? Os enigmas de Jesus tornam-se particularmente complexos no contexto dos Judaísmos do Segundo Templo, em que não havia doutrina normativa; no entanto, para ele, tudo começava e terminava, exclusivamente, com Javé, por definição, o maior ironista de todos os tempos. Se há um princípio singular que caracteriza Jesus, trata-se da fé inabalável na Aliança com Javé. Essa é a essência da religião judaica, seja arcaica, Segundo Templo, ou seja o judaísmo subseqüente, de Akiba. A história não conhece judeu mais fiel à Aliança do que Jesus de Nazaré. Daí a ironia das ironias, pois seus seguidores utilizaram-no para substituir a Aliança de Javé pela Nova Aliança.

5. Os Evangelhos não se propunham a ser o que chamamos de biografia, mas a servir de fonte de inspiração para conversão. Neste aspecto, e em todos os demais, seguem a Bíblia hebraica, que, para nós, paradoxalmente, não constitui história, embora seja o primeiro exemplo de história. Não há relato a respeito do Rei Davi além do que consta da Tanak. Graças a Josefo, sabemos, ao menos, que Jesus existiu, ainda que como figura periférica em um século que culminou com a destruição do Templo de Javé, pelos romanos, no ano 70 da Era Comum.

6. A busca infinda do Jesus histórico tem fracassado, na medida em que são poucos os pesquisadores que apresentam algo além de reflexões da própria fé ou do próprio ceticismo. A exemplo de Hamlet, Jesus é um espelho no qual nos enxergamos. A consciência da mortalidade parece nos permitir poucas opções. A culpa é irrelevante: onde e como en-

contrar nossa sobrevivência? Jesus está para o Novo Testamento grego assim como Javé está para a Bíblia hebraica, ou Hamlet está para a respectiva peça shakespeariana: são os protagonistas vitais, os princípios da apoteose, as esperanças de transcendência.

Freud, ao reduzir religião ao desejo pelo pai, é relevante para Jesus, que chamava Javé de *abba*. Sendo cético, Hamlet não busca ninguém. Javé escolhe Abraão e Moisés, e, se aceitarmos o Alcorão, veremos que Javé escolhe também Maomé. Não se pode dizer que o Deus hebreu escolha Jesus, a não ser na qualidade de mais um profeta. Na prática, o Filho do Homem é pai de si mesmo, ou será que o Pai é filho dele mesmo? O Jesus norte-americano apropriou-se de Javé, e pode acabar sendo apropriado pelo Espírito Santo, à medida que nos fundirmos em uma nação pentecostal, uma incorporação de hispânicos, asiáticos, africanos e caucasianos, constituindo um novo Povo de Deus.

7. A relação entre Eros e Autoridade, Amor e Lei, é central em Jesus, Paulo e Freud. Mas é também crucial em Moisés, Sócrates/Platão, *Rei Lear* e em toda a obra shakespeariana, particularmente nas duas partes de *Henrique IV*, *Hamlet* e *Noite de Reis*. Talvez seja *esse* o "sentido" de Shakespeare: o embate entre Eros e a Lei. Freud chama a Lei de Tânatos, estranhamente, cerrando fileiras com Paulo e Lutero. Jesus, ao contrário dos três, abraça tanto o amor quanto a Torá, conforme os estudiosos, finalmente, começam a perceber. Embora individualista a ponto de configurar uma nova visão messiânica, Jesus supera os fariseus (seus maiores rivais) no que concerne ao respeito à Lei. O gênio de Jesus uniu o amor ao pai (Javé enquanto *abba*), o amor à Lei, oral e escrita, e o amor à sua gente. Jesus será sempre o judeu dos ju-

deus, o judeu propriamente dito, um triunfo sobre o sofrimento, ao mesmo tempo que deseja o Pai, assim como anseia pelo Reino onde o amor e a justiça se harmonizam. Paulo voltou-se para os gentios. Jesus, conforme até mesmo os Evangelhos Sinóticos deixam claro, não o fez. Tiago, o Justo, irmão de Jesus, foi o seu discípulo autêntico. É estranho que os eruditos não percebam que o espírito de Jesus aparece, nitidamente, na Epístola de Tiago, composta por um ebionita, ou judeu-cristão, que sobreviveu ao assassínio jurídico de Tiago e ao subseqüente saque a Jerusalém. Lutero detestava a Epístola de Tiago, e queria expurgá-la da Nova Aliança. Mas na referida epístola ouvimos a voz dos profetas no deserto, de Elias e João Batista, e a voz do próprio Jesus, ao menos uma vez, deixando de lado a extraordinária ironia.

8. A Nova Aliança baseia-se, forçosamente, em uma leitura errônea da Bíblia Hebraica. Ocorre, porém, que a força dos tradutores cristãos, em especial, Jerônimo e Tyndale, obscurece a relativa deficiência — estética e cognitiva — do Novo Testamento Grego, no embate com a Tanak. Mesmo que Marcos fosse um escritor tão capaz quanto a javista, o embate seria inútil, pois a Torá (à semelhança do Alcorão) *é* Deus, ao passo que o argumento central do Testamento Tardio é que um homem substituiu as Escrituras.

PARTE I | JESUS

CAPÍTULO 1 # Quem Foi Jesus
e o que Ocorreu com Ele?

Não há fatos comprovados acerca de Jesus de Nazaré. Os poucos fatos que constam da obra de Flávio Josefo, fonte da qual todos os estudiosos dependem, são suspeitos, pois o historiador era José ben Matias, um dos líderes da Rebelião Judaica, que salvou a própria pele por ter bajulado os imperadores da Dinastia Flaviana: Vespasiano, Tito e Domício. Depois que um indivíduo proclama Vespasiano como o Messias, ninguém deve mais acreditar no que tal pessoa escreve a respeito da sua própria gente. Josefo, mentiroso inveterado, assistiu, tranqüilamente, à captura de Jerusalém, à destruição do Templo e à matança dos habitantes. Os especialistas afirmam que Josefo tinha pouco ou nada a ganhar com as informações fragmentadas acerca do galileu Josué (Yeshuá, em hebraico, Jesus, em grego), mas o historiador que traiu seu povo era tão sorrateiro que suas motivações (se é que as tinha) permanecem enigmáticas. Josefo esclarece que Jesus de Nazaré era filho de José e Maria (Míriam), e irmão de Jacó (Tiago), foi batizado por João, e depois passou a atrair pupilos, atuando como mestre sapiencial, sendo, finalmente, crucificado sob ordens do sátrapa romano, Pôncio Pilatos.

A leitura e reflexão sobre materiais aos quais tive acesso levam-me a duvidar que Jesus constasse da multidão de
vítimas de Pilatos. O carismático rabino de Nazaré era perito em evasiva e equivocação, era também um hábil sobrevi-
vente, desde a infância, quando os pais lhe disseram que,
embora artesão, sua descendência o colocava em lugar de
destaque na casa real de Davi, cuja prole carregava consigo a
bênção insofismável de Javé. Primogênito de pais davídicos,
Jesus era candidato ao extermínio nas mãos dos seguidores
de Herodes e outras autoridades romanas. Entre os judeus,
nunca existira um Messias mais relutante e mais legítimo. A
idéia de comandar uma guerra nacionalista contra os romanos e os brutamontes mercenários que lhes serviam contra-
riava, inteiramente, a natureza daquele gênio espiritual judaico, que, involuntariamente e, sem dúvida, infeliz por sê-lo,
era o rei legítimo dos judeus.

Jesus não integrou a resistência, ao contrário do que,
inicialmente, fez Josefo, embora viesse a abandonar os companheiros aguerridos, tais como Simão bar Giora e João de
Gischala, líderes da Guerra Judaica contra Roma, salvando
a pele, à custa da própria integridade e da estima dos judeus.
Tampouco dispomos de fatos comprovados sobre os ensinamentos de Jesus; sequer sabemos se ele teria nascido quatro anos antes do início da Era Comum, ou com que idade
teria sido crucificado, levando em conta o registro cronológico de 33 anos. Conforme reza a lenda, desconfio que fosse
sábio o bastante para escapar da execução, e que tenha se
dirigido ao norte helenizado da Índia, limite extremo das
grandes conquistas de Alexandre, onde algumas tradições
situam seu sepulcro. Nesse particular, sigo a tradição gnóstica,
simplesmente porque os ditos gnósticos de Jesus, no Evan-

gelho de Tomé, parecem-me mais autênticos do que toda a gama de pronunciamentos atribuídos ao rabino de Nazaré nos Evangelhos Sinóticos e no mais-que-tardio Evangelho de João. Não há uma sentença a respeito de Jesus, em todo o Novo Testamento, composta por alguém que tenha conhecido pessoalmente o relutante Rei dos Judeus, a menos que (suposição improvável) a Epístola de Tiago seja, com efeito, de autoria de Tiago, seu irmão, e não de um dos seguidores de Tiago, os ebionitas, ou "homens pobres", alguns dos quais sobreviveram ao holocausto de Jerusalém ao fugir para Pella, na Jordânia, obedecendo ao comando profético de Tiago.

Segundo os estudiosos, as epístolas de São Paulo datam de quarenta anos após a morte de Jesus, os Evangelhos têm datação fixada em cerca de uma geração posterior, e o sumamente helenístico (e quase gnóstico) Evangelho de João data de um século, ao menos, após o possível desaparecimento do mestre itinerante dos pobres e dos excluídos. Não há motivos razoáveis para se questionar o consenso dos especialistas, mesmo que outra pessoa não tenha sido crucificada no lugar de Jesus, conforme sugere, maliciosamente, a tradição gnóstica. Tiago, o Justo, líder dos judeu-cristãos de Jerusalém, na verdade poderia ter sido filho, ou até mesmo neto, de Jacó (Tiago), irmão do próprio Jesus. Leitores de hoje em dia, quer cristãos, judeus ou muçulmanos, quer céticos ou fiéis, precisam voltar ao ponto de partida para decifrar a história secreta do pregador carismático que, agindo com sabedoria, declinou de se tornar Rei dos Judeus, mas que, ironicamente, talvez tenha sofrido como tal, nas mãos dos romanos.

CAPÍTULO 2   As Buscas e os que
Buscam Jesus

A menos que a pessoa atue como um profissional da busca de
Jesus, cujo sustento, auto-respeito e saúde espiritual sejam uma
questão de vocação, convém alterar quaisquer planos relati-
vos à participação nesse estranho empreendimento. As adver-
tências sensatas sobejam; uma das minhas favoritas é expressa
pela sorrateira ironia expressa em um ensaio escrito por Jacob
Neusner — homem imensamente erudito — e incluído em
um livrinho contumaz por ele publicado sob o título *Judaism
in the Beginning of Christianity* (O judaísmo no início do
cristianismo, 1984). No quarto capítulo, Neusner nos oferece "A Figura de Hillel: Contrapartida à Questão do Jesus Histórico". O admirável Hillel, contemporâneo de Jesus, foi um
fariseu exemplar. Até mesmo uma obra honrosa, como o
American Heritage College Dictionary (terceira edição, 1993),
apresenta duas definições de "fariseu" absolutamente inúteis e
inverídicas, e inaplicáveis a Hillel:

1. Membro de antiga seita judaica que enfatizava uma
   rígida interpretação e obediência à Lei de Moisés.
2. Pessoa hipócrita e moralista.

Não culpo os editores do mencionado dicionário. À exceção de Paulo e Marcos, o Novo Testamento difama, cruel e continuamente, os fariseus. No entanto, proponho que a primeira definição descarte a palavra "rígida" e a substitua por "santificante". Neusner demonstra que o grande Hillel, conquanto, sem dúvida, tenha existido, para todos os efeitos, é uma invenção de rabinos que viveram no século II da Era Comum (e mais tarde). Hillel é o Jesus do judaísmo, de vez que Yeshuá de Nazaré, sem sombra de dúvida, existiu, mas, na prática, foi uma invenção do Novo Testamento. Recomendo o livro de Charlotte Allen, *The Human Christ* (O Cristo humano, 1998), relato judicioso e inteligente (escrito por uma católica) da comédia humana que constitui "a busca do Jesus histórico". Ao aludir à "comédia humana" e a Balzac, não o faço por depreciação, apenas por lamentar que Balzac já não esteja conosco, para compor uma saga ficcional capaz de superar a pitoresca e infinda aventura retratada por Charlotte Allen e outros. Temos um enxame de cristãos, de todas as denominações, judeus mais diversos, secularistas, romancistas (bons e ruins) e multidões que poderiam fazer parte de uma obra-prima de Balzac, se pudéssemos ressuscitar o mago da narrativa francesa, autor que eu, de todo o coração, aprecio mais do que Stendhal, Flaubert e Proust, ainda que a vivacidade de Stendhal, o talento artístico de Flaubert e a sabedoria de Proust superem Balzac.

A busca incessante do Jesus "verdadeiro", "histórico", não contaminado pelo dogma, é similar à minha incapacidade perpétua de apreender o protéico Vautrin, o mais vivaz personagem de Balzac, na interminável procissão de gênios que figuram na *Comédia Humana*. Vautrin *é* Balzac transformado em um homoerótico mestre do crime, conhecido como "Esquiva-Morte", tanto pela polícia quanto pelo submundo. Cada crítico/leitor vê o seu próprio Vautrin, e *cada* pesquisador que busca o Jesus "histórico", invariavelmente, descobre a si mesmo em Jesus. Como poderia ser diferente? Isso nada tem de deplorável, especialmente nos Estados Unidos, onde, ao longo dos últimos dois séculos, Jesus tem atuado como um protestante sem denominação específica. Se tal afirmação *parece* irônica, minha intenção é, exclusivamente, literal, e não desaprovo a nossa tendência natural de entabular conversas particulares com um Jesus nosso. Não penso que isso torne os norte-americanos mais amáveis ou generosos, mas, somente em casos extremos, os torna piores. A não ser pelo Hamlet shakespeariano, não me ocorre outra figura tão volátil quanto Jesus; ele, de fato, pode ser tudo, para todos os seres humanos.

Da minha parte, por motivos literários e espirituais, prefiro o Evangelho de Tomé a todo o Novo Testamento canônico, porque o referido Testamento apresenta-se repleto de um ódio mal informado contra os judeus, ainda que seja composto, quase na íntegra, por judeus que fogem de si mesmos, desesperados por agradar as autoridades romanas que os exploravam. Leio, com admiração, a obra de estudiosos católicos, tais como padre Raymond Brown e padre John P. Meier, mas me pergunto por que não admitem o quão pouco é possível saber, de fato, acerca de Jesus. O Novo Testamento tem sido revirado por séculos de estudo minucioso, mas de todo esse trabalho não resulta o mínimo de informação que exigiríamos no caso de qualquer outra questão similar. Ninguém sabe quem escreveu os quatro Evangelhos, e ninguém é capaz de precisar quando e onde foram compostos, tampouco que tipo de fontes lhes servem de base. Nenhum dos autores conheceu Jesus; sequer ouviram-no pregar. O historiador Robin Lane Fox defende a hipótese contrária, em favor do Evangelho de João, mas o argumento constitui uma das raras aberrações de Fox. Até mesmo Flávio Josefo, escritor brilhante e mentiroso inveterado, mostra-se muito mais interessado em João Batista do que em Jesus, objeto de não mais que um punhado de menções supérfluas.

Raramente, antigos profetas judaicos e supostos messias transformavam-se em anjos, e jamais no próprio Javé, motivo pelo qual Jesus Cristo (e não Jesus de Nazaré) é um Deus cristão, e não judaico. A grande exceção é Enoque, que caminhava ao lado de Javé, e foi por ele alçado ao céu, sem ter de passar pelo incômodo da morte. Nas alturas, Enoque é Metatron, anjo tão excelso que chega a ser "o Javé Menor", com um trono só para si. Consta que o rabino Elisha ben Abuyah, o mais célebre dos antigos *minim* (gnósticos) judaicos, tenha ascendido, a fim de verificar que Metatron e Javé sentavam-se em tronos posicionados lado a lado. Ao retornar, o rabino gnóstico (conhecido pelos oponentes como Acher, "o Outro", ou "o Estranho") proclamou a heresia suprema: "Há dois Deuses no céu!"

No livro *The Human Christ*, Charlotte Allen nos faz lembrar, corretamente, que os Evangelhos estabelecem "Jesus Cristo acima da Torá". Uma vez que a Torá *é* Javé, a noção situa Cristo acima e além de Javé, o que vai de encontro à complexidade trinitária. Quem quer que tenha sido o Jesus histórico, certamente, teria rejeitado tamanha blasfêmia (conforme ele o faz no Alcorão). Parece um absurdo que Jesus, fiel apenas a Javé, assim como o foram Hillel e Akiba, tenha usurpado Deus. Contudo, Jesus não é o usurpador, tampouco o foi São Paulo (ao contrário do que pensavam Nietzsche e George Bernard Shaw). À semelhança do mentor, João Batista, Jesus é oriundo dos judeus, e veio *para* os judeus. O cristianismo se baseia na afirmação de que Jesus não foi recebido por sua própria gente, mas todas as evidências apresentadas pelo cristianismo são polêmicas, suspeitas e inadmissíveis em qualquer tribunal de justiça.

A indústria acadêmica não tem por hábito se dispersar, e sempre haverá buscas do Jesus *verdadeiro*. Por mais honrosas que sejam, aqui as dispenso. Até mesmo os melhores especialistas (penso, primeiramente, em E. P. Sanders e padre Meier) vêem-se forçados a aceitar como válidas determinadas passagens do Novo Testamento, em lugar de outras, e as explicações dos critérios adotados são sinuosas. Forçosamente, os resultados são confusos. Desagrada-me a argumentação proposta por padre Meier em favor da historicidade de Judas Iscariotes, que, na minha visão e de outros — judeus ou gentios —, surge como uma ficção maléfica que tem contribuído para justificar o extermínio de judeus há dois mil anos. Sanders jamais me deprime, mas fico perplexo quando ele exalta o carisma singular de Jesus, baseando-se na lealdade dos discípulos. Não devemos esquecer a advertência do sociólogo Max Weber contra a "rotinização do carisma". Carismáticos existem em abundância, e Hitler magnetizou toda uma geração de alemães. É pífia a argumentação em prol da singularidade de Jesus como conseqüência de seu carisma.

No entanto, ao escrever este livro, que, absolutamente, não é para mim uma busca, surpreendi-me tanto com Jesus quanto com Javé. Embora eu nele não confie nem o ame, Javé não pode ser dispensado, pois, ausente ou presente, é indistinguível da realidade, seja esta ordinária ou um arremedo de transcendência. Ao menos duas versões distintas de Jesus, que constam do quase gnóstico Evangelho de Tomé e do extraordinariamente críptico Evangelho de Marcos, parecem-me autênticas, embora amiúde sejam antitéticas. Javé é morte-nossa-morte e vida-nossa-vida, mas não sei quem foi ou é Jesus Nazareno. Não o considero antitético nem comparável a Javé: os dois se encontram em sistemas cósmicos distintos. Javé nada tem de grego: Homero, Platão, Aristóteles, estóicos e epicuristas são, para ele, estranhos. Jesus, a exemplo do contemporâneo Hillel e de Akiba, este surgido um século mais tarde, emerge de um judaísmo helenizado, ainda que o grau de contaminação por elementos gregos seja questionado e questionável.

Javé é incognoscível, por mais que nos aprofundemos na Torá, no Talmude e na Cabala. Será Jesus — comparado ao Jesus Cristo da teologia — cognoscível? O Jesus norte-americano é conhecido intimamente, na qualidade de amigo e amparo, por dezenas de milhões de pessoas. O Jesus norte-americano é por vezes mais orientado por Paulo do que pelos Evangelhos: os batistas moderados baseiam-se na Epístola dos Romanos; os pentecostais, que grassam por todos os Estados Unidos, na realidade, substituem Jesus pela crença cinética no Espírito Santo; os mórmons, a mais norte-americana e surpreendente das seitas, consideram o Livro do Mórmon, de Joseph Smith (ou do Anjo Moroni), o Outro Testamento de Jesus Cristo, mas, em *Pérola de Grande Valor* e *Doutrina e Assembléias*, dispõem de escrituras inusitadas, das quais a atual hierarquia da Igreja se esquiva. Atualmente, considera-se que Joseph Smith tenha ascendido e se transformado em Enoque, e talvez no maior dos anjos, Metatron, ou Javé Menor, uma visão cabalística. Não conheço muito bem esses conceitos ora irradiados de Salt Lake

City, mas Joseph Smith e Brigham Young acreditavam na doutrina de que Adão e Deus são, em última instância, a mesma pessoa. O humano e o divino se interpenetram na visão de Joseph Smith de maneira muito mais radical do que na insistência da Igreja Católica de que Cristo é, ao mesmo tempo, "homem verdadeiro" e "Deus verdadeiro". Porque fiéis norte-americanos (inclusive espíritos elevados, tais como Emerson e Whitman) acreditavam que o melhor e mais primordial de si mesmos não era natural, e sim divino, é possível, para muitos de nós, interagir livre e intensamente com Jesus. Talvez não seja esse o "Jesus histórico", objeto das buscas dos estudiosos, mas, a meu ver, está bem próximo ao "Jesus vivo" que fala no Evangelho de Tomé.

CAPÍTULO 3   ## As Palavras Enigmáticas de Jesus

Meus interesses neste livro são a personalidade, o caráter e o auto-reconhecimento de Javé e de Jesus. Tratando-se de Jesus, tais questões são reveladas de modo grave em um discurso que, segundo nos é apresentado, encerraria as próprias palavras do Nazareno, palavras essas que são freqüentemente enigmáticas, e talvez ainda mais ambivalentes do que ambíguas.

Não sabemos quantos idiomas Jesus falava: aramaico, decerto, e, provavelmente, um pouco de grego demótico. É evidente que lia hebraico, e talvez soubesse falar a língua. Padre John P. Meier, autor de três volumes magistrais publicados sob o título um tanto enganoso, *A Marginal Jew* (Um judeu à margem — a serem seguidos de um quarto volume, bastante necessário), acertadamente, define Jesus como "um gênio judeu". É possível ir mais longe: Jesus foi o maior dos gênios judeus. É como se a javista, ou Autora "J", de algum modo, se fundisse com o Rei Davi, com os Profetas (de Amós a Malaquias), os Autores Sapienciais de Jó e Coélet (Eclesiastes), os sábios (de Hillel a Akiba), e com a longa série que vai desde Maimônides, passando por Spinoza, chegando a Freud e Kafka. Jesus é o Sócrates judeu, e supera o mentor de Platão na qualidade de mestre supremo da sapiência obscura.

Amor, e não ironia, é o que os fiéis buscam em Jesus. Talvez estejam certos, pois o sentimento de Jesus está mais para o afeto irônico do que para a ironia afetuosa. Quanto a mim, mais disposto a conhecer do que a crer (seja lá o que for), sou, do ponto de vista cultural, judeu. Todavia, não acredito na Aliança, ao contrário de Jesus. A partir de São Paulo, fiéis começam a ver Jesus como o inventor de uma Nova Aliança, mas talvez tenham confundido o mensageiro com a mensagem.

Jesus nos confronta a todos, fiéis e infiéis, com um conjunto de enigmas. E como poderia ser diferente? O islamismo aceita Maomé como o maior dos Profetas, mas confere a Jesus uma condição singular entre os precursores do profeta extremo, definitivo, em uma descendência que se origina em Abraão. Os judeus têm com Cristo uma relação negativa, mas não, necessariamente, com Jesus, que mal pode ser responsabilizado pelo que o suposto cristianismo fez em seu nome. Kierkegaard, outro mestre da ironia (por ele chamada de "comunicação indireta"), observa, em *Julgue por Si Mesmo!*: "O cristianismo tudo conquistou — isto é, foi abolido!" Evidentemente, o sábio dinamarquês queria dizer que só é possível se tornar cristão em oposição à ordem estabelecida.

O presente livro questiona a crença cristã de que Jesus pretendia fundar o que se tornou a fé abraçada por São Paulo. E atrevo-me a contender com Jesus, que se apresentava como "o próprio Javé", ao mesmo tempo que demonstrava grande compreensão dos riscos de tal postura. Quando o recalcitrante Moisés, no texto da Autora "J", melancolicamente, indaga o nome do Deus que o está enviando ao Egito, Javé proclama, com imponência: *Ehyeh asher ehyeh*. A tradução comum é "Eu sou aquele que sou", a qual assim explico: "Estarei presente onde e quando estiver presente." A ironia terrível do trocadilho que Javé (Yahweh) faz com o próprio nome é que o oposto também se insinua: "Estarei ausente onde e quando estiver ausente", inclusive por ocasião das três destruições de seu Templo, dos campos de extermínio alemães e do Gólgota.

William Tyndale, mártir protestante, o maior dos tradutores da Bíblia (ao menos, desde São Jerônimo), reitera as palavras de São Paulo (contidas na versão autorizada da Bíblia) — "Pois agora enxergamos através de um vidro escuro" — de modo ainda mais contundente: "Agora enxergamos através de um vidro, mesmo que se trate de um discurso obscuro." "Discurso obscuro" traduz o sentido da palavra grega que significa "enigma". Albert Schweitzer, pregando em 1905, disse: "O corpo glorificado de Jesus está nos seus aforismos." Existe, porém, uma dificuldade que Jesus jamais pretendeu impor: *Quais são os seus aforismos autênticos?* A maioria dos estudiosos aplica critérios pessoais para identificar tal autenticidade, mas seus pleitos não me convencem. Cada um de nós, especialmente nos Estados Unidos, tem o seu Jesus. O meu remonta à infância, à primeira vez que li os Evangelhos em versão iídiche, deixada por um missionário na porta do apartamento em que morávamos, no Bronx. O Novo Testamento em iídiche (ainda possuo o exemplar) constitui, em si, uma ironia, refletindo dois mil anos de contumácia judaica, mas a tradução é, a um só tempo, hábil e austera. Lembro-me também de uma disciplina sobre o Novo Testamento grego, cursada com o professor Friedrich Solmsen, na Universidade de Cornell; acabo de reler meu exemplar do referido testamento, passados 55 anos, e surpreendi-me com as observações indignadas que escrevi nas margens do livro, principalmente em passagens de Paulo e no Evangelho de João. Uma pessoa cuja primeira língua, a língua materna, é iídiche está bem habilitada a processar os ditos enigmáticos de Jesus. Se tivesse nascido na Europa oriental dos meus pais, Jesus teria falado iídiche e, provavelmente, seria martirizado por alemães, e não por romanos.

Hesito diante da idéia de uma "tradição judaico-cristã". Atualmente, a noção se aplica a um determinado fenômeno sociopolítico, e parece fazer parte da aliança entre os Estados Unidos e Israel. No presente livro, a expressão se refere à postura de Tiago, o Justo, irmão de Jesus, e dos demais integrantes de sua família e primeiros seguidores, que, a contragosto, aceitaram a missão de Paulo junto aos gentios e que, mais tarde, foram absorvidos pela Igreja Imperial de Constantino, ou pelo islamismo.

2

Já escrevi que as palavras de Jesus são, freqüentemente, enigmáticas. O que é um enigma? Pode ser uma espécie de charada verbal, ou algo incompreensível, ou até uma pessoa inescrutável. Jesus fala por meio da primeira definição, seus atos ensejam a segunda e ele próprio personifica a terceira. A palavra "enigma" remonta ao grego, passando pelo latim, e tem por base um vocábulo grego que significa "fábula".

Seja recorrendo a aforismos ou parábolas, Jesus fala através de enigmas. É o poeta do enigma, antecipando Dante, Shakespeare, Cervantes, John Donne e até mesmo Lewis Carroll e James Joyce, bem como Kierkegaard, Emerson,

Nietzsche, Kafka e muitos outros pertencentes à tradição literária e espiritual do Ocidente. Para avançar no entendimento dos ditos enigmáticos de Jesus, é preciso definir "enigma", "aforismo" e "parábola", da melhor maneira possível:

1. ENIGMA

A palavra significa "questão ou opinião cuja resposta ou refutação requer perspicácia". Outro sentido é "perplexidade, ou mistério", e um terceiro sentido, "pessoa inescrutável, por exemplo, Jesus, ou a figura ficcional, Hamlet".

2. AFORISMO

Por via do latim e do francês, a palavra remonta a um vocábulo grego que significa "definição", "ou estabelecimento de um horizonte". Originalmente, o substantivo se referia a uma asserção breve, de autoria de algum autor ou orador clássico, mas passou a designar qualquer máxima, ou preceito sucinto.

3. PARÁBOLA

Através da língua francesa, o substantivo "parábola" origina-se em um termo latino que significa "comparação", o que ensejou sentidos tais como "semelhança", "provérbio" e "ditos místicos"; porém, basicamente, o vocábulo remete a uma narrativa breve cuja lição tem caráter moral-espiritual.

Os enigmas de Jesus, no mais das vezes, circundam a questão da real identidade do próprio Jesus. Em dados momentos, ele os verbaliza como sortilégios contra Satanás. Sortilégios são enigmas postos em prática, mágicos tão-somente porque, de quando em vez, funcionam. A função dos enigmas enunciados por Jesus é promover a sua grandiosa jornada de auto-identificação. *Nós* constatamos que, quanto mais tentamos buscá-lo, o nosso eu verdadeiro se perde na distância. A apoteose de Jesus é que a sua identidade genuína talvez tenha se mostrado fatal, pois ele poderia, perfeitamente, ter sido o legítimo herdeiro davídico do Reino de Israel e Judá, e não de um reino fora deste mundo. Visto que a família de Herodes assumira autoridade monárquica, qualquer descendente legítimo de Davi sempre correria perigo. O Hamlet shakespeariano, herdeiro da Dinamarca, parece-me ofuscado pelo Jesus de William Tyndale, admissão na qual sigo David Daniell, biógrafo do tradutor, herói e mártir protestante, inventor de um estilo de prosa inglesa tão austero quanto sublime.

Mas por que Jesus costumava falar por meio de enigmas? Suas parábolas seguem e aperfeiçoam a tradição hebraica: o próprio Javé, ao longo do texto da Autora "J", contenta-se com trocadilhos enigmáticos, perguntas retóricas irrespondíveis e rompantes jocosos que beiram uma fúria assustadora. "Tal pai, tal filho", responderia, com razão, o fiel. Quem escreveu o Evangelho de Marcos, o primeiro dos Sinóticos, era esse tipo de fiel, e voltou a Javé, ao que o Deus tem de mais misterioso, a fim de sugerir algo acerca do Jesus secreto.

Paulo e os outros três autores (ou tradições) do Evangelho têm os seus admiradores, sob o aspecto literário, e, em parte, merecem tal admiração; contudo, o texto de Marcos se destaca como enigma dos enigmas, sempre resistente à análise. A obra de Frank Kermode intitulada *The Genesis of Secrecy* (A gênese do mistério, 1979) continua sendo a tentativa mais brilhante de "pegar" as ambigüidades de Marcos. Relendo o livro de Kermode, passado um quarto de século, sinto-me estimulado a complementar a análise pioneira ali contida, desviando a atenção para conjecturas acerca da psicologia de Jesus. Até mesmo as mais sofisticadas especulações psicossexuais freudianas parecem-me irrelevantes no caso de Jesus, porque sua relação com a mãe e com o suposto pai é sumamente desprendida; a análise psicológica que faço aqui, portanto, deve mais a William James do que a Sigmund Freud, embora eu considere o pai da psicanálise a maior encarnação do gênio judaico desde Jesus. Tratando-se de uma consciência dedicada somente a Javé, a riqueza das experiências religiosas pode ser mais reveladora do que as vicissitudes do instinto psicossexual.

Meu falecido amigo Hans Frei concluiu seu livro *The Identity of Jesus Christ* (A identidade de Jesus Cristo, 1975) alertando-nos que sempre permaneceríamos a certa distância de Jesus, "porque ele vive para Deus — não para o tempo". Kierkegaard fez a mesma observação, ainda que com uma duplicidade extraordinária, ressaltando que os discípulos contemporâneos de Jesus recebiam-lhe o amor sem contudo compreender tal amor, pois só Jesus compreende a si mesmo com perfeição. É temerário desafiar Kierkegaard, e as perplexidades de Jesus são ainda mais temerárias.

Outro amigo já falecido, Edward Shils, no livro *Tradition* (1981), segue Max Weber, ao considerar Jesus o carismático supremo:

> Foi a imaginação profética ou carismática de Jesus que determinou o seu sucesso. Ele possuía o dom de suscitar nos outros o reconhecimento ou a atribuição de qualidades carismáticas. Jesus alcançou tal objetivo em virtude da originalidade de sua mensagem e da crença nessa mesma originalidade. Precisava estabelecer a tradição como ponto de partida; precisava de um público que dispuses-

se da mesma tradição como ponto de partida. Nesse sentido, ele deu continuidade e desenvolveu a tradição, mas, nesse particular, o mesmo pode ser dito dos rabinos. Jesus desenvolveu a tradição de modo diferente e mais original, e sua mensagem foi recebida para muito além da Palestina e dos judeus. É possível que a receptividade por parte desse bloco mais numeroso de convertidos, recrutados junto ao paganismo e não apenas ao judaísmo, tenha resultado de uma mudança de circunstâncias, bem como da relativa fragilidade das tradições do paganismo, diante de um arcabouço de pensamento religioso mais aperfeiçoado.

Mas será que Jesus acreditava na *originalidade* de sua mensagem? Não seria tal mensagem idêntica à do seu mentor, João Batista? E seria ela, de fato, distinta da postura de Hillel? Até que ponto é possível estabelecer distinções entre o carismático e as proclamações feitas por ele?

Para a maioria dos norte-americanos, a despeito de origem ou denominação religiosa, Jesus é igualmente único e universal. Terá ele tomado o lugar outrora ocupado por Deus Pai? Em caso afirmativo, a religião norte-americana terá se esquivado do preceito freudiano segundo o qual toda religião se reduz ao desejo pelo pai. Faz algum tempo, venho rejeitando a noção marxista de que a religião é o ópio da humanidade. Nos Estados Unidos, religião é a poesia da humanidade, tanto a má quanto a boa. Ainda assim, vivemos a Era do Jesus norte-americano, onipresente e intensamente pessoal. A maioria das pessoas mal sabe ler, e muitas passagens do Novo Testamento são difíceis, baseando-se em alusões constantes à Bíblia hebraica e no "cumprimento" de preceitos contidos na referida Bíblia, que, por seu turno, não é a mais simples das estruturas verbais. Extensa e magnífica, a Tanak pouco se assemelha ao "Antigo Testamento", exibido em triunfo romano pelo filho ressentido, o "Novo Testamento". Todavia, o imprevisível e abrupto Jesus do Evangelho de Marcos chega a ser sereno e coerente, comparado ao Javé dos trechos mais antigos de Gênesis, Êxodo e Números. O Rei Lear de Shakespeare está para Hamlet, assim como o Javé da Autora "J" está para o Jesus de Marcos.

Onde fixar o significado do Jesus de Marcos? Kermode, sagazmente, admira a narrativa de Marcos por ocultar, ao menos, tanto quanto revela, engendrando mistério ao mesmo tempo que proclama a boa nova. O Jesus de Marcos não se interessa muito pelos gentios, e mesmo entre os judeus ele procura salvar apenas um pequeno grupo. Sua postura de mestre demonstra tamanha complexidade que, nos Estados Unidos, hoje em dia, ele não sobreviveria à avaliação institucional, seja de natureza acadêmica ou religiosa. Esse Jesus segue Isaías, ao excluir os que não ouvem suas verdades ou compartilham de suas visões. Algum profeta irado, ao estilo de Elias ou João Batista, seria um precursor demasiadamente simples para ser seguido por Jesus. Ele se volta para Isaías, o Platão entre os profetas, na condição de verdadeiro precursor.

O Evangelho de Marcos 4, 11-12 nos apresenta Jesus parafraseando Isaías 6, 9-10, sem que Marcos identifique a fonte. Mateus, entretanto, confere o devido crédito, por citação direta. Kermode explica a diferença como um reflexo do descontentamento de Mateus diante da "ferocidade sombria do Jesus de Marcos". Caberia também definir o Jesus de Marcos como afrontoso em sua fúria. Cito Isaías a partir da Tanak publicada pela Jewish Publication Society, e Marcos a partir da versão oficial revista da Bíblia:

> Ouvi, então, a voz do Senhor que dizia: "Quem é que vou enviar? Quem irá de nossa parte?" Eu respondi: "Aqui estou. Envia-me!" Ele me disse: "Vá e diga a esse povo:
> 'Escutem com os ouvidos, mas não entendam;
> Olhem com os olhos, mas não compreendam!'
> Torne insensível o coração desse povo,
> Ensurdeça os seus ouvidos,
> Cegue seus olhos,
> Para que, vendo com os olhos
> E ouvindo com os ouvidos,
> Ele não compreenda com a mente,
> Se arrependa e se salve."
>
> Isaías 6, 8-10

> E Jesus disse para eles: "Para vocês foi dado o mistério do Reino de Deus; para os que estão fora tudo acontece em parábolas, para que olhem, mas não vejam, escutem, mas não compreendam, para que não se convertam e não sejam perdoados."
>
> Marcos 4, 11-12

A ironia de Javé não deixa de ser característica, tampouco a de Jesus. Será que tais ironias colidem? A de Jesus alude a Isaías 6, 9-10, mas o impacto não é banalizado pela repetição, assim como a referência que Robert Frost, em seu notável poema, "Diretiva", faz a Marcos tampouco é banalizada pelos precursores bíblicos:

Guardei-o no oco da raiz
De um velho cedro, à beira d'água,
Um cálice, semelhante ao Graal, encantado,
Para que as pessoas erradas não o encontrem,
E não possam ser salvas, pois, como diz São Marcos,
Não devem ser.

Em capítulo posterior, no qual abordo o Evangelho de Marcos, retomo essas perplexidades.

3

Ao se valer de enigmas, Jesus expande e modifica as tonalidades da Tradição Oral de seu povo. Sob esse aspecto, São Paulo tem sido o pior dos guias, ao afirmar: "A letra mata, e o Espírito é que dá a vida" (2 Coríntios 3, 6). A noção se contrapõe a Jesus de Nazaré, que nos diz: "nem sequer uma letra ou vírgula serão tiradas da Lei, sem que tudo aconteça" (Mateus 5, 18). Mateus, evidentemente, judeu (a exemplo de Marcos, mas não de Lucas), em absoluto, não nos oferece um Jesus antinomiano, mas seu protagonista tampouco exibe a fúria do herói de Marcos, que também é sempre o galileu empedernido, devotado somente a Javé. Há diversas versões de Jesus fora do Novo Testamento canônico, mas esta, a meu ver, parece bem menos interessante do que as várias (ao menos sete) versões de Jesus presentes no livro da Nova Aliança, imbricadas nos quatro Evangelhos, em Paulo, na Epístola de Tiago (irmão de Jesus) e no Apocalipse. O Jesus dos Atos dos Apóstolos é tão similar ao de Lucas que é possível aceitar a avaliação dos especialistas, de que os dois textos foram compilados pelo(s) mesmo(s) autor(es) ou organizador(es). Conquanto seja grande o meu desagrado em relação a Paulo e ao Evangelho de João, este flagrantemente contrário aos judeus, apraz-me refletir sobre o Jesus por ambos representado, pois sua personalidade, seu caráter e a consciência de identidade por ele demonstrada mal podem ser percebidas sem, de algum modo, recorrermos a Paulo e João.

A primeira observação que me cumpre fazer é que, em sua totalidade, o Novo Testamento é obcecado por uma relação angustiada com a Lei e os Profetas, e procura resolver a complexa ansiedade resultante dessa influência devastadora por meio da desleitura mais forte e criativa constatada em toda a história literária e textual. O Alcorão, até onde eu sei, é o rival que mais se aproxima. Nada na literatura laica, nem mesmo o triunfo de Shakespeare sobre tudo que o precedeu, pode se equiparar a Paulo e seus sucessores, tratando-se da intricada empresa de transformar a Bíblia hebraica, o mais forte dos textos (excetuando-se a obra de Shakespeare), no "Antigo Testamento". O Novo Testamento é um feito literário notável (apesar de demonstrar altos e baixos), mas nenhum leitor secular (que seja letrado) poderá considerar a sua eminência estética comparável àquela da Bíblia hebraica (à exceção de Levítico e das passagens de Números não atribuídas à Javista). William Faulkner demonstrava preferência pelas histórias imensamente variadas da Bíblia hebraica, comparada ao Novo Testamento grego, que se esmera para relatar uma história, nada mais do que uma história.

Em que pese toda a teologia cristã, bem como o formidável Dante e seus dedicados exegetas, até o presente, nenhum texto posterior logrou "consumar" um anterior, nem mesmo "corrigi-lo". *A República*, de Platão, trava batalha com *A Ilíada*, de Homero, e Platão é gloriosamente derrotado. *Ulisses*, de James Joyce, corajosamente, confronta *A Odisséia*, de Homero, e *Hamlet*, de Shakespeare, e sofre uma derrota sublime. Em termos históricos, tanto o Novo Testamento quanto o Alcorão eclipsaram a Bíblia Hebraica, mas tal sucesso não é estético nem, necessariamente, espiritual, e talvez Javé ainda não tenha pronunciado a palavra final a respeito da questão. Todos sabemos que a história acompanha os grandes batalhões e, durante algum tempo, privilegia os vencedores das grandes guerras, mas a história é um ironista cujo gênio quase se iguala ao de Jesus, e os sinais de uma guerra apocalíptica entre a cristandade (chamemo-la assim) e o mundo do islã são hoje onipresentes.

4

Sete versões de Jesus podem ser consideradas, em sua provável ordem cronológica: Paulo, Marcos, Mateus, Lucas e Atos, Tiago, João e o Apocalipse. Proponho que o esquema cronológico seja um tanto irrelevante, visto que algumas dessas versões de Jesus são autônomas, pouco ou nada devendo às que as antecederam. Tiago, o Justo, austero e sublime irmão de Jesus, demonstra total independência, pois a sua epístola notável baseia-se em um Cristo inteiramente implícito, cuja boa nova já foi compreendida pelos que o ouviram, sendo a respectiva "epístola", para todos os efeitos, um sermão ebionita, ou seja, judeu-cristão. Embora os estudiosos datem a Epístola de Tiago em um período próximo do final do primeiro século, penso que foi composta menos de uma década após a destruição de Jerusalém e do Templo pelos romanos. Dirigida, nitidamente, aos cristãos hebreus, conforme já indiquei, talvez tenha sido obra de algum discípulo de Tiago. Nesse caso, esse suposto seguidor de Tiago, o Justo, escreveu no melhor estilo grego, e assim poderia ser egresso do judaísmo alexandrino, juntando-se, mais tarde, ao grupo de Tiago.

Tiago foi morto entre os anos 62 e 67 da Era Comum. Não me interessa muito saber quem escreveu a epístola, onde ou quando, uma vez que a postura e a aura do cristianismo judaico jamais foram tão bem explicadas do que nesse eloqüente sermão. E, cabe lembrar, Tiago era reverenciado por uma variedade tão grande de grupos, desde gnósticos até cristãos gentios, que o autor da epístola não precisaria ser alguém que conhecesse o santo sábio pessoalmente.

Não há referências explícitas a Jesus (ou a Paulo) na Epístola de Tiago — se bem que a voz de Jesus reverbera, diretamente, em 2, 8 —, mas o exemplo de Jesus é um pressuposto constante. Considerando a visível oposição a Paulo, não me impressionam os argumentos de especialistas que sugerem a possibilidade de uma sutil reconciliação entre Tiago e Paulo. O ataque anti-semita de Martinho Lutero a Tiago pesa muito mais: Lutero reagiu com fúria à asserção da epístola, de que "um homem se justifica pelas obras, e não apenas pela fé" (2, 4), repúdio flagrante às palavras de Paulo: "Um homem se justifica pela fé, e não pelas obras" (Romanos 3, 28).

Meu interesse aqui é quanto à visão de Jesus internalizada na epístola, um Jesus para o qual Tiago retorna, após a Ressurreição, reconciliando-se com seu irmão singular. É viável que a tradição oral, supostamente, ebionita, tenha guiado o Jesus que transparece entre as sentenças do sermão. Esse Jesus é um profeta que integra a grande procissão ini-

ciada com Amós, na Tanak, quiçá, oito séculos antes da Era
Comum. Em Amós, Javé declama:

> Detesto e desprezo as festas de vocês;
> Não me apaziguam as suas reuniões solenes.
> Ainda que me ofereçam incenso — ou oferendas —
> Não as aceitarei;
> Não prestarei atenção
> Às suas oferendas gordas.
> Poupem-me do barulho dos seus cânticos,
> Nem quero ouvir a música dos seus alaúdes.
> Deixem que a justiça brote qual água,
> E o direito corra qual riacho que não seca.

5, 21-24

A tradução a cargo da Jewish Publication Society, correta e vigorosa, carece da eloqüência da versão autorizada da
Bíblia:

> Deixem que o julgamento corra qual água, e o direito
> qual um grande rio.

Julgamento e direito são centrais a Tiago, e ao Jesus que
ele nos apresenta:

> Atentem: o pagamento dos trabalhadores que ceifaram os
> seus campos, e que por vocês foi retido por fraude, con-
> clama; e os brados dos ceifeiros chegaram aos ouvidos do
> Senhor.

5, 4

Jesus prometeu o reino aos pobres, e Tiago a eles se
refere como "herdeiros" do reino que há de vir, quando o

Senhor ressuscitado voltar. "Sapiência" é o dom divino que Tiago implora, e, para ele e Jesus, a essência da Lei está em Levítico 19, 18:

> Não seja vingativo nem guarde rancor contra os seus concidadãos. Ame o seu próximo como a si mesmo: eu sou o Senhor.

CAPÍTULO 4 O Testamento Tardio

Ler o Novo Testamento, na íntegra, e na ordem em que os evangelhos foram dispostos canonicamente, é, para mim, uma experiência única, tanto do ponto de vista literário quanto do espiritual. As Escrituras cristãs têm uma relação com a Bíblia hebraica bastante diversa daquela que existe entre Virgílio e Homero, entre Shakespeare e Chaucer, ou Shakespeare e a versão inglesa da Bíblia. Virgílio tinha conhecimento de Lucrécio e de outras obras romanas, bem como de uma ampla gama de literatura grega, inclusive os "modernistas" helênicos, ao passo que Shakespeare foi eclético, uma esponja que absorvia riquezas que iam desde Ovídio a Christopher Marlowe. Mas Yeshuá de Nazaré preocupava-se com os Ensinamentos Proféticos, que eram os textos principais da sua própria gente. Seus seguidores, fossem eles judeus ou cristãos gentios, não tinham a menor inclinação para descartar os escritos que haviam alimentado seu Senhor Jesus Cristo. Porém, gradativamente, a atitude de tais seguidores em relação às Escrituras Hebraicas passou a ser caracterizada por profunda ambivalência.

Essa oscilação entre amor e ódio aos "judeus" tem inspirado uma longa história de violência. Paulo, fariseu de formação, *grosso modo*, não apresenta a intensidade virulenta de João; no entanto, instaurou as leituras equivocadas da Bíblia hebraica que culminaram em João. Para Paulo, a Ressurreição, ou o evento de Cristo, proclamou a morte da Torá: uma vez que o fim de toda a existência estava tão próximo, a lei moral tornou-se irrelevante. Dois mil anos depois de Paulo, é um tanto estranho absorver algo que não pode ser chamado de simples atraso decisório. A Ressurreição e a *parusia* (a volta de Cristo), contempladas do século XXI da Era Comum, parecem existir em mundos bastante diferentes.

Donald Akenson ressalta o paradoxo de que o cristianismo foi inventado no primeiro século da Era Comum, *antes* que o judaísmo rabínico se desenvolvesse, no século II: Paulo precede Akiba. Os sábios normativos do século II não demonstram qualquer continuidade tratando-se dos fariseus, ou, ao menos, inexistem evidências que estabeleçam tal relação. Contudo, a *mishnah*, codificação rabínica da Lei Oral, nada tem de tardia, e não apresenta ambivalência em face da Torá, ou Lei Escrita, em grande parte, complementada pela própria *mishnah*. Akiba cometeu um erro crasso ao proclamar o guerreiro heróico — Bar Kochba — messias, e a rebelião comandada pelos dois contra Roma, de 132 a 135 da Era Comum, aniquilou mais judeus do que as fatalidades registradas sessenta anos antes, quando da destruição do Templo, embora muitos dos rebeldes, ao menos, tenham morrido lutando. O imperador Adriano, assustado com o número de perdas sofridas pelas legiões em combate, anunciou a vitória em uma mensagem ao Senado romano que omitia a fórmula de praxe: "O Imperador e o Exército estão bem." Akiba ou Jesus Cristo? O judaísmo, por volta do século IV da Era

Comum, tinha trocado inimigos pagãos romanos por opressores cristãos romanos.

Na condição de crítico, aprendi a confiar na advertência que introduz o primeiro volume dos *Ensaios* de Emerson — não existe história, apenas biografia —, bem como na percepção emersoniana de que nossas preces são enfermidades da vontade, e nossas crenças, enfermidades do intelecto. O Novo Testamento é mito e fé; não se trata de relato factual, e os escritos de Josefo, desde logo indignos de confiança, ainda foram falsificados por autores cristãos. Jesus carece tanto de história quanto de biografia, e não temos como saber quais dos seus ditos são autênticos. Para quem aceita a Encarnação, nada disso importa. Afinal, o judaísmo é igualmente incerto: terá o Êxodo, de fato, ocorrido? Os milagres de Cristo, à semelhança dos de Javé, só convencem os convertidos.

Apenas um número reduzido dos meus contemporâneos demonstra suficiente liberdade interior para escrever sobre textos religiosos antigos sem manifestar as suas respectivas inclinações espirituais. Entre eles estariam incluídos Donald Harman Akenson, Robin Lane Fox e F. E. Peters. A meu ver, as autoridades mais confiáveis no que respeita à vida de Jesus são os já mencionados John P. Meier e E. P. Sanders, respectivamente, católico e protestante; todavia, sendo ambos homens de fé, compartilham relativa miopia, especialmente quando esperaram que, de certa maneira, o Novo Testamento pudesse revelar o Jesus verdadeiro ou histórico.

Nenhum outro estudioso é tão esclarecedor no que concerne àquele velho cavalo de batalha — "A Busca do Jesus Histórico" — do que Akenson. Conforme comenta, com toda a segurança, o próprio Akenson, houve de fato um Yeshuá de Nazaré que, em algum momento, foi por seus seguidores transformado em Jesus Cristo. Lamentavelmente, quase tudo o que sabemos a seu respeito encontra-se no Novo Testamento canônico, ou em textos cristãos não-canônicos. A partir dos registros feitos por Josefo, historiador judeu, sabemos apenas que Yeshuá foi crucificado, por ordem de Pôncio Pilatos, que o irmão de Yeshuá — Tiago, o Justo — foi mais tarde apedrejado até a morte, por ordem do Sinédrio judaico, e que João Batista, predecessor de Yeshuá, foi executado pelos seguidores de Herodes.

Akenson faz uma avaliação estética, mais elevada do que sou capaz de realizar, quanto à unidade do Novo Testamento. No seu julgamento, trata-se de uma fonte única e, com base nessa fonte, podemos vislumbrar um ou dois aspectos de Yeshuá de Nazaré. Após muitas leituras do Novo Testamento e de estudos desenvolvidos pelos melhores especialistas no assunto, infelizmente, não consigo vislumbrar, com clareza, nenhum desses aspectos. Suponho, acompanhando Akenson, que Yeshuá tenha sido um fariseu, pois, ironicamente, isso explicaria a fúria antifarisaica do Novo Testamento, que precisa distinguir esse fariseu especial de todos os demais. Além desta, não tenho outras ilações.

O procedimento central do Novo Testamento é a conversão da Bíblia hebraica em Antigo Testamento, a fim de anular qualquer estigma de retardo que pudesse ser imputado à Nova Aliança, quando comparada à "Antiga" Aliança. Maomé refere-se, constantemente, a personagens e histórias bíblicas, decerto, desconhecidas dos que ouviam suas recitações. Repetidas vezes, tais referências nos parecem distorcidas, pois talvez fossem embasadas em fontes judaico-cristãs de que não mais dispomos. Todas essas alusões são aleatórias, não programáticas. Embora judeus e cristãos fossem "povos do Livro", *aquele* livro-fonte não era nem a Tanak nem o Novo Testamento. Seja lá o que fosse, não provocou ansiedade em Maomé, que não depende de crenças antigas para delinear o contorno do discurso de Alá. O chamado "Selo dos Profetas" (Maomé) corrige visões anteriores, à medida que as percorre, mas estas lhe servem de matéria-prima e não de direção.

A relação dos autores canônicos do Novo Testamento com a Torá e os Profetas é bastante diferente, pois o Messias desses autores é considerado como concretização da narrativa que vai de Gênesis a Reis, fundida na Babilônia, e de todos os mensageiros, desde Moisés, passando por Elias, chegando até Malaquias. Refazer a ordem em que se encontram as partes da Tanak, de modo que o Antigo Testamento seja encerrado por Malaquias, e não por 2 Crônicas, é apenas o primeiro passo da revisão. O Novo Testamento destina-se a operar como um prisma através do qual o texto precursor deve ser lido, revisto e interpretado. Paulo é especialmente afeito a esse tipo de revisão, mas todos os que o seguem, até os autores de Hebreus e do Apocalipse, são extremamente versados nas artes da usurpação, inversão e apropriação. Seja como for que julgarmos o Novo Testamento, como literatura ou espiritualidade, trata-se, historicamente, da reescrita mais bem-sucedida de todos os tempos. Uma vez que os cristãos, pelo mundo afora, atualmente superam os judeus à proporção de mais de mil para um, pode-se dizer (se for o caso) que o Novo Testamento resgatou a Bíblia hebraica, mas tal afirmação seria errônea. Os cristãos resgataram o Velho Testamento *deles*, diria eu, tomando emprestado um grifo de Jaroslav Pelikan.

A seqüência que compreende Gênesis e Reis configura uma narrativa ficcional que se faz passar por história. Após os desastres da Guerra Judaica e da rebelião comandada por Bar Kochba, os judeus abandonaram a narrativa e a história, conforme demonstrou Yosef Yerushalmi, com eloqüência, em *Zakhor*, digressão acerca da memória judaica. A literatura rabínica, por mais impressionante que seja, particularmente no Talmude babilônico, não se assemelha à Tanak. O que hoje em dia chamamos de judaísmo tem muito mais a ver com escritos pós-bíblicos. A usurpação da Bíblia hebraica pelo Novo Testamento constitui uma espécie de trauma que perdura no judaísmo. O comentário prevaleceu sobre a narrativa. No século XX, eu apontaria Kafka, Freud e Gershom Scholem, na condição de maiores figuras da cultura literária judaica, mas até mesmo Kafka foi mais parabolista do que narrador. Agora, na partícula do novo século que me resta ver, ainda não está claro se o *nosso* Kafka — Philip Roth — é, basicamente, exegeta ou contador de histórias.

Aos 74 anos continuo a buscar respostas para o enigma do processo através do qual se opera a influência, seja na literatura ficcional ou nos textos religiosos. Este livro é o ponto máximo de algo que teve início, para mim, meia vida atrás, quando, no dia em que completei 37 anos, despertei de um pesadelo e comecei a escrever um ensaio intitulado "O Querubim Protetor ou a Influência Poética". O ensaio, intensamente revisto, foi publicado seis anos mais tarde, como primeiro capítulo de um livro não muito extenso chamado *A Angústia da Influência* (1973). Embora não tenha sido incluído na versão final do livro, lembro-me de ter escrito na ocasião um texto sobre a angústia da influência sofrida pelo Novo Testamento, em relação à Bíblia hebraica, assunto do presente capítulo, "O Testamento Tardio".

Constatei que minha idéia — a angústia da influência — costuma ser incompreendida, o que é natural, uma vez que baseio a noção em um processo a que chamo de "desleitura", termo que não quer dizer dislexia. Obras posteriores realizam a desleitura de obras anteriores; quando a desleitura é forte a ponto de ser eloqüente, coerente e convincente para muitos leitores, então, ela perdura e, por vezes, prevalece. O Novo Testamento, freqüentemente, realiza uma desleitura da Bíblia hebraica e, com toda a certeza, convenceu multidões. Jack Miles, em um livro surpreendente, *God: A Biography*, oferece uma fórmula útil para entender a transformação que o Novo Testamento opera na Tanak, convertendo-a em Antigo Testamento, e define o processo como "a leitura mais forte feita de um clássico, ao longo de toda a história literária". Não concordo com a afirmação do exuberante Akenson, de que o Novo Testamento se aproxima da grandeza estética da Tanak, mas reconheço a presença, ainda que intermitente, de maravilhas em Paulo e Marcos, bem como (ai de mim!) em todo o Evangelho de João. Muitas dessas maravilhas, no entanto, são criações de William Tyndale, o único rival verdadeiro de Shakespeare, Chaucer e Walt Whitman, quanto à posição de autor mais talentoso da língua inglesa. O Novo Testamento, na tradução de Tyndale, é a base da versão autorizada da Bíblia, quer dizer, da chamada Bíblia do Rei Jaime, e ainda figura (um tanto reduzido) na versão oficial revista. Somente a prosa shakespeariana sobrevive à comparação com a de Tyndale, e parte da minha paixão pelo magnífico Sir John Falstaff decorre das paródias que o Cavaleiro Gordanchudo faz ao estilo de Tyndale.

Influência é uma espécie de *influenza*, contaminação que outrora se pensava verter das estrelas. A *influenza* de Marcos foi transmitida pela Autora "J", ou Javista; o contágio de Paulo e João decorre tanto da Lei quanto dos Profetas. O grande crítico Northrop Frye (que me contaminou) disse-me que a capacidade do leitor pertencente a uma época posterior perceber tal "contaminação" dependeria, inteiramente, de temperamento e das circunstâncias. Com amável perfídia, respondi que angústia da influência não era, primariamente, uma questão de contágio entre indivíduos, mas uma relação entre obras literárias. Por conseguinte, angústia de influência seria resultado, e não causa, de uma forte desleitura. Com isso, separamo-nos (intelectualmente) para sempre, embora, na velhice, eu saiba apreciar a ironia de que a minha crítica está para a dele, assim como o Novo Testamento está para a Tanak, ou seja, espiritualmente, trata-se do inverso paradoxal das nossas diferenças espirituais.

A apropriação efetuada pelo Novo Testamento ocorre através de uma reestruturação drástica da Tanak. Eis a estrutura original da Tanak, comparada à do Antigo Testamento cristão:

ANTIGO TESTAMENTO	TANAK
Gênesis	Gênesis
Êxodo	Êxodo
Levítico	Levítico
Números	Números
Deuteronômio	Deuteronômio
Josué	Josué

Juízes	Juízes
Ruth	
1 Samuel	1 Samuel
2 Samuel	2 Samuel
Reis	Reis
	Isaías
	Jeremias
	Ezequiel
	Doze Profetas Menores
1 Crônicas	Salmos
2 Crônicas	Provérbios
Esdras	Jó
Neemias	
Tobias	
Judite	
Ester	Cântico dos Cânticos
Macabeus	Ruth
Jó	Lamentações
Salmos	Eclesiastes
Provérbios	Ester
Eclesiastes	Daniel
Cântico dos Cânticos	Esdras
Sabedoria	Neemias
Eclesiástico	1 Crônicas
Isaías	2 Crônicas
Jeremias	
Lamentações	
Baruc	
Ezequiel	
Daniel	
Doze Profetas Menores	

A Bíblia do Rei Jaime se afasta da estrutura da Tanak, inicialmente, ao incluir o Livro de Ruth entre Juízes e 1 Samuel, talvez porque, na condição de ancestral de Davi, Ruth é também remota ancestral de Jesus. A seguir, introduzindo uma profunda alteração, a referida Bíblia, depois de Reis, apresenta Crônicas, Esdras, Neemias, Ester, Jó, Salmos, Provérbios, Eclesiastes e Sabedoria de Salomão, antes de incluir os grandes profetas — Isaías e Jeremias —, cujas lamentações precedem Ezequiel. Em seguida, vem Daniel, a quem é concedido o *status* de grande profeta, e, então, o livro é concluído com o grupo dos Doze Profetas Menores, de Oséias a Malaquias.

Além da inclusão das obras apócrifas, as principais revisões cristãs são a elevação do *status* de Daniel e a diferença nas conclusões, em 2 Crônicas e Malaquias, este o último dos Doze Profetas Menores:

> No primeiro ano do reinado de Ciro, rei da Pérsia, Javé, cumprindo o que tinha dito por meio do profeta Jeremias, despertou a consciência de Ciro, rei da Pérsia, para que este proclamasse por todo o império, à viva voz e por escrito, o seguinte: "Ciro, rei da Pérsia, decreta: Javé, o Deus do céu, entregou a mim todos os reinos do mundo. Ele me encarregou de construir para ele um Templo em Jerusalém, na terra de Judá. Todos os que pertencem a esse povo e vivem entre nós podem voltar para lá. E que Javé, seu Deus, esteja com eles."
>
> 2 Crônicas 36, 22-23

A conclusão da Tanak traz a instigante exortação de "voltar" a Jerusalém, para a reconstrução do Templo de Javé. (Evidentemente, nos dias atuais, a reconstrução do Templo seria uma catástrofe universal, pois a Mesquita Al Aksa ocupa o local sagrado, e não deve ser removida.) Como transição aos três primeiros capítulos do Evangelho de Mateus, Malaquias, "o Mensageiro", conclui o Antigo Testamento cristão, proclamando a volta de Elias (como João Batista):

> Vejam! Eu mandarei a vocês o profeta Elias, antes que venha o grandioso e terrível Dia de Javé.
> Ele há de fazer com que o coração dos pais voltem para os filhos e o coração dos filhos para os pais; e assim, quando eu vier, não destruirei nem condenarei a terra.
>
> Malaquias 4, 5-6

Embora tardia, a Nova Aliança é mais intensa do que nunca no também tardio Evangelho de João, a meu ver, esteticamente forte e espiritualmente arrasador, se deixarmos de lado a veemente autodepreciação judaica, quer dizer, o anti-semitismo cristão. Se o Novo Testamento, no tempo de Constantino, experimentou um triunfo romano, então, a escrava exibida na marcha triunfal foi a Tanak, reduzida à servidão como Antigo Testamento. Toda a história judaica subseqüente, até a fundação, há mais de meio século, do Estado de Israel, atesta as conseqüências humanas dessa servidão textual.

CAPÍTULO 5   São Paulo

Paulo (ele jamais refere-se a si mesmo como Saulo, nas epístolas) apresentava-se como judeu oriundo de Tarso, na Cilícia,
onde nasceu, entre os anos 5 e 10 da Era Comum. Provavelmente, por nascimento, cidadão romano, supostamente falava grego desde a infância, mas sabia ler hebraico e falar
aramaico, pois era fariseu. Atos 22, 3 estabelece que Paulo
estudou em Jerusalém, supõe-se, quando jovem, com o grande sábio Gamaliel, o Ancião, o que pode ser verdadeiro.

Segundo sua própria vanglória, Paulo iniciou a vida
pública como líder da perseguição aos judeu-cristãos, até que
ocorreu o célebre encontro com a voz de Cristo ressuscitado, no caminho de Damasco. Aceitando o chamado para ser
apóstolo de uma figura que desconhecia, Paulo dedicou o
resto da vida à conversão dos gentios, segundo o entendimento que ele detinha da Nova Aliança. Depois do verão
do ano 64 da Era Comum, foi martirizado, na Roma de
Nero, ao término de um trabalho apostólico que durou
trinta anos.

Há no Novo Testamento, indiscutivelmente, sete epístolas de Paulo, compostas entre os anos 51 e 62 (aproxima-

damente), o que as torna os escritos cristãos mais antigos de que dispomos. Se acrescentarmos a meia dúzia de cartas a ele atribuídas por seus discípulos, e a maior parte do Livro de Atos, e do Evangelho de Lucas, em que Paulo é o herói, veremos que cerca de um terço do Novo Testamento é paulino. Somando-se a sua primazia, a sua centralidade no texto e a reinvenção que ele realiza de grande parte do cristianismo, Paulo é o fundador crucial da religião cristã. Yeshuá de Nazaré, que ao morrer ainda acreditava na Aliança com Javé, não pode ser considerado o instaurador de uma nova fé.

A veemência e a violência da personalidade do apóstolo ficam aparentes ao longo das cartas, que, de modo geral, exortam os judeu-cristãos, e não os judeus e o judaísmo. Fariseus, inimigos odiados em Mateus, não são o alvo de Paulo, que não os considera propensos ao pecado; e, na condição de aluno dos fariseus, Paulo tampouco se considera inclinado ao pecado.

Wayne Meeks, cuja percepção de Paulo capta, sutilmente, a natureza enigmática e protéica do Apóstolo, surpreende-me ao defender que o Apóstolo empreendeu uma "luta pela paz". Tiago, o Justo (de Jerusalém), não concordaria, e uma leitura atenta de Paulo não revela temperamento irenista. A Epístola de Paulo aos Gálatas faz oposição a um grupo que os estudiosos não sabem identificar com precisão, mas os destinatários devem ter estremecido, ao ler o catálogo de suas condutas: "imoralidade, impureza, licenciosidade, idolatria, feitiçaria, inimizade, discórdia, ciúme, ira, egoísmo, dissensão, partidarismo, inveja, embriaguez, fanfarronice e atitudes semelhantes". Pouca coisa mudou.

Existirá alguém que *goste* de Paulo? Apenas Donald Akenson, a quem dedico o presente livro, demonstra uma afeição (irônica) pelo apóstolo, no livro *Saint Saul* (2000), salientando corretamente que, nos Evangelhos, Jesus Cristo é a divindade, ao passo que Paulo "é um ser humano inconstante, falho e, portanto, absolutamente convincente". Em 1913, no Prefácio a *Andrócles e o Leão*, George Bernard Shaw comparou Paulo a Karl Marx, considerando ambos grandes perpetradores de equívocos que provocaram o desterro de toda responsabilidade moral. Tal opinião me parece acertada.

2

Paulo é mais agitador do que teólogo místico, e muito menos pensador sistemático. No entender de Paulo, Javé se reduz a Deus Pai e, em termos pragmáticos, tem poucas funções além do relacionamento com o Filho. Uma vez que o Cristo de Paulo, em relação ao Jesus histórico, permanece tão isolado quanto o Deus Pai se isola de Javé, existe na doutrina do apóstolo um curioso vazio. Não por acaso Paulo enfatiza *kenosis*, o espontâneo esvaziamento do divino, experimentado pelo Pai e pelo Filho na Encarnação, e que, em toda a teologia cristã, implica uma espécie de aglutinação das duas naturezas divinas. Para Paulo, nem Deus nem Cristo necessitam de personalidade, qualidade que o apóstolo possuía em tamanha abundância que mal precisava buscá-la fora de si. Visto que a Ressurreição, para Paulo, foi exclusivamente espiritual (1 Coríntios 15, 44), personalidade é algo que se torna irrelevante. Quando Freud diz que o ego é sempre um ego corpóreo, tal afirmação não provocaria Paulo. Na visão de Paulo, Cristo é Filho de Deus, e não Filho do Homem, conquanto Paulo jamais diga que Jesus declarava ser o Messias. Marcos, sob esse aspecto, é consoante com Paulo, ao contrário de Mateus e João.

Paulo transmite aspectos do esquema Encarnação-Perdão herdados do cristianismo helênico, presumivelmente, colhidos em Antioquia e Damasco, onde judeu-cristãos da diáspora trabalhavam na conversão dos gentios. É consenso entre os estudiosos que não sabemos onde se deu pela primeira vez a fusão entre as idéias de Encarnação e Perdão. Até chegarmos ao Evangelho de João, a Encarnação não é central, talvez porque dependa da preexistência de Cristo, que desce do céu. Paulo se evade da Encarnação, em favor da Incorporação no Corpo Espiritual de Cristo Ressuscitado. Na Epístola aos Filipenses (2, 6-11), Paulo cita um hino, de origem indefinida, em que *kenosis* recebe a primeira ênfase cristã:

> embora tivesse a forma de Deus,
> não se apegou à sua igualdade com Deus,
> mas esvaziou-se a si mesmo,
> assumindo a condição de servo,
> e nascendo semelhante aos homens.
> E apresentando-se em forma humana,
> humilhou-se a si mesmo,
> tornando-se obediente até a morte, e morte na cruz.
> Por isso, Deus o exaltou grandemente,
> e lhe deu o nome que está acima de qualquer nome,
> para que, ao nome de Jesus,
> se dobre todo joelho,
> no céu, na Terra e sob a terra,
> e toda língua confesse
> que Jesus Cristo é o Senhor,
> para a glória de Deus Pai.

A *parusia*, ou segunda vinda de Cristo, àquela altura uma expectativa fabulosa alimentada pela primeira geração de cristãos, guarnece tudo que Paulo escreve. Se Cristo estava destinado a retornar brevemente, a Incorporação assume urgência especial. O período de Adão a Moisés transcorreu *antes* da Lei; de Moisés a Cristo, era o reino da lei; agora, o Fim Iminente acerca-se de Paulo. Parece um equívoco falar de teologia paulina, porque o fim que se aproxima rapidamente torna a teologia desnecessária.

A eloqüência de Paulo é célebre, embora mais visível na versão da Bíblia em inglês do que no original. Ocorre que o apóstolo é um excêntrico obsessivo, que deixa aturdida qualquer pessoa que diante dele tente adotar uma postura desapaixonada. E não pode ser visto como inovador, ou reformista, mas como polemista que defende a fé à qual foi convertido. Nem vilão nem modelo, Paulo é o gênio da síntese, singularmente estranho, que oculta algo evasivo no fundo do seu ser. Há que se minimizar as especulações acerca da psicossexualidade do apóstolo: por que isso haveria de importar? Paulo desconfiava do entusiasmo místico, talvez porque o ponto crucial de sua fé seja a Ressurreição como evento do Espírito, mas também da história. Se confrontasse o gnosticismo cristão valentiniano de cem anos depois, ficaria escandalizado diante da proposição de que *primeiro* Jesus ressuscitou e *depois* morreu. Algo parecido é o que ele combate em Coríntios.

Nada há de gentio em Paulo, embora tenha sido o maior apóstolo junto aos gentios, segundo confirmado por seu acordo com Tiago, irmão de Jesus. Seu modo de pensar e sentir foi sempre, essencialmente, fariseu. Javé e Israel, Paulo sugere, levarão a termo a redenção do Povo Eleito. Será que Paulo, que deve ter morrido na expectativa do retorno de Cristo, acreditava, de fato, que Israel aceitasse Cristo *naquele* momento? Não tenho uma resposta, a não ser que o Messias de Paulo, certamente, coincide pouco com a expectativa dos judeus, pois estes esperavam um guerreiro vitorioso. Mas, é bom lembrar, o Cristo de Paulo também coincide pouco com Yeshuá de Nazaré, levando-se em conta qualquer das versões do Evangelho, inclusive João. A desilusão (que outro nome podemos dar?) de Paulo é viver no Final dos Tempos. Sendo judeu gnóstico, não finjo entender Paulo, quase dois mil anos mais tarde. Mas quem pode entendê-lo? Seu melhor exegeta, Wayne Meeks, nos diz que "é razoável duvidar da possibilidade de uma avaliação acurada e consistente do apóstolo". Sabemos tão pouco sobre Yeshuá de Nazaré, que sobre ele não podemos pronunciar qualquer afirmação exata. Sabemos muito sobre Paulo, mas diante dele fico atônito. Paulo poderia ser um personagem shakespeariano, tão enigmático quanto Hamlet ou Iago.

CAPÍTULO 6   O Evangelho de Marcos

Os Evangelhos, na forma que hoje deles dispomos, foram compostos, com toda a certeza, entre o período que compreendeu cerca de trinta anos e mais de meio século *após* a Crucificação de Yeshuá. Os escritos enfocam, quase exclusivamente, os últimos três anos da vida do Nazareno, possivelmente, entre as idades de 37 e quarenta anos. O Evangelho de João, entretanto, parece mais voltado para as últimas dez semanas de vida de Yeshuá. Com base na suposição de que ele tenha nascido por volta do ano 6 antes da Era Comum, a data da Crucificação seria o ano 34 da Era Comum, ou seja, 17 anos antes da primeira carta de Paulo, dentre as que chegaram aos dias atuais. Marcos, provavelmente, o Evangelho mais antigo, costuma ser datado da época da rebelião judaica contra Roma, ocorrida entre 66 e 70 da Era Comum, e cujo incidente extremo foi a destruição do Templo.

Não sabemos quem foi Marcos, tampouco onde ele escreveu, exceto que não foi na Terra de Israel. É muito improvável que tenha conhecido Yeshuá, e o mesmo pode ser dito a respeito dos autores de Mateus e Lucas. Tampouco sabemos se Marcos, a exemplo dos demais, baseou-se em algum escrito cristão anterior, e duvido sempre da acuidade dos dados, quando se trata da tradição oral. Certo é que nenhum dos Evangelhos, em si, representa um relato confiável dos ensinamentos do Messias ao qual eles se referem, seja em palavras ou atos.

Em qualidade literária, o Evangelho de Marcos é bem mais impressionante na versão inglesa da Bíblia do que no original grego, em que uma sensibilidade rara peleja com uma linguagem inadequada. Estranhamente, Marcos mescla uma espécie de realismo javista e um estilo narrativo bastante abrupto, em que velocidade e urgência são enfatizadas. Paula Fredriksen, no livro *From Jesus to Christ* (De Jesus a Cristo, 1988, 2000), comenta que o protagonista de Marcos "é um homem que demonstra pressa". É também um enigma total, propenso a indagar dos ouvintes (e dos leitores de Marcos): "O que diz o povo sobre a minha identidade?" Que abertura está prevista nessa indagação? Será que essa versão apresenta uma idéia inicial acerca da identidade de Jesus, ou será que ele só assume uma identidade já próximo ao fim?

Barry Qualls registra uma afinidade entre Marcos, a Javista e Isaías, que dividem seu público potencial em dois grupos: aqueles que hão de compreender, e os que não podem confrontar o enigmático discurso divino. Não se trata de sugerir que Jesus, em contraste com o Javé da Autora "J", seja "traquinas". Jesus não é brincalhão, mas, por vezes, é inclinado a mistificar. Contudo, ambos os Deuses (ou aspectos de Deus) são misteriosos, surpreendentes, embora conhecidos. O Jesus de Marcos também se faz presente onde e quando quer.

Quem não leu, na íntegra, o Evangelho de Marcos (ou não o fez recentemente) sofre um impacto inevitável ao tentar fazê-lo. A sensação de desafio é apenas um aspecto do embate; outros incluem um certo atordoamento e uma espécie de desilusão *vis-à-vis* às expectativas. O Apocalipse paira ao longo do Evangelho: os eventos finais são iminentes. Não nos é informado se a Guerra Judaica está transcorrendo, ou se Jerusalém já foi destruída, mas Marcos acredita que está vivendo no fim dos tempos. A esquisitice do Novo Testamento é que todos os que ali figuram estão absolutamente convencidos de que Cristo há de retornar em breve. Passados dois mil anos, ele ainda não voltou. O texto é tão comprometido com a proximidade do retorno, que eu murmuro, enquanto leio, um velho dito rabínico: "Que venha o Messias, mas que eu não esteja lá para ver." O autor do Evangelho de Marcos, à semelhança do Jesus que ali atua, é tão apressado quanto reservado, e não se mostra muito ávido de nos auxiliar na interpretação da Boa Nova. A exemplo dos próprios discípulos, enxergamos sem discernir. O pobre Pedro, totalmente confuso, é repreendido por Jesus, com sua autoridade costumeira, que lhe diz que, embora momentaneamente, o discípulo e Satanás tornaram-se um só. Somente os diabos (e Marcos), invariavelmente, sabem ao certo o que Jesus é.

Frank Kermode, no livro *The Genesis of Secrecy* (1979), sublinha a qualidade paradoxal e peculiar da narrativa de Marcos:

> São muitos os nós: nas parábolas que mais parecem charadas; na freqüente justaposição de demônios perspicazes e santos obtusos; na felicidade e na gratidão do estranho que é curado; na perplexidade, no medo e no desânimo dos seguidores. (p. 141)

Quase todos os estudiosos do Novo Testamento, bem como outros fiéis cristãos, consideram-se seguidores felizes e gratos. Será que são mesmo? Será que a santidade deles transcende a dos discípulos? Não creio que já tenhamos absorvido a idéia perturbadora de que somente *o nosso* lado demoníaco é capaz de perceber, perfeitamente, a identidade de Jesus Cristo. Marcos é, ao mesmo tempo, mau escritor e ótimo escritor: vem-me à mente Edgar Allan Poe, outro exemplo raro *desse* paradoxo, por mais ensandecida que possa parecer a minha comparação. Será a estranha conclusão do Evangelho de Marcos um índice (por assim dizer) de inaptidão ou de genialidade? O momento brusco ali descrito promove a nossa identificação com as mulheres diante do sepulcro; nós, também, fugimos porque sentimos medo:

Quando o sábado passou, Maria Madalena, Maria mãe de Tiago, e Salomé compraram perfumes para ungir o corpo de Jesus. E bem cedo no primeiro dia da semana, ao nascer do sol, foram ao túmulo. E diziam entre si: "Quem vai tirar para nós a pedra da entrada do túmulo?" Mas, quando olharam, viram que a pedra, que era muito grande, já havia sido retirada. Ao entrarem no túmulo, viram um jovem, sentado do lado direito, vestido de branco. E ficaram muito assustadas. Mas o jovem lhes disse: "Não fiquem assustadas; vocês estão procurando Jesus de Nazaré, que foi crucificado. Ele ressuscitou; não está aqui. Vejam, foi ali que o puseram. Agora vocês devem ir e dizer aos discípulos dele e a Pedro que ele vai para a Galiléia na frente de vocês. Lá vocês o verão, como ele mesmo disse." Então as mulheres saíram do túmulo correndo, porque estavam com medo e assustadas; e não disseram nada a ninguém, porque tinham medo.

Marcos 16, 1-8

Nesse ponto é concluído o texto original de Marcos; a passagem que corresponde a 16, 9-20 é acrescentada mais tarde, sendo, nitidamente, um posfácio editorial que visa a atenuar essa brusquidão. Um Evangelho em que a palavra predileta é "imediatamente" (com cerca de quarenta ocorrências), e que é todo recortado, tem uma conclusão condizente, retratando três mulheres circunspectas e devotas, que correm de um local que já não é o túmulo de Jesus. O objetivo dos Evangelhos é proclamar a Boa Nova da redenção. Marcos é concluído com a frase "porque tinham medo", o que não configura um tom de salvação. Kermode observa: "Ou a conclusão é intolerável e canhestra, ou incrivelmente sutil." A escolha entre o intolerável e o incrível não é das mais fascinantes, mas suponho que não precisamos escolher: Marcos é, alternadamente, inábil e sutil (volto a dizer, tanto quanto Poe). Todos conhecemos indivíduos assim, embora, de modo geral, não sejam escritores. Mas convém lembrar que Marcos não é, fundamentalmente, um escritor. Segundo consta, residindo em Roma, Marcos aguarda com ansiedade e, finalmente, recebe a notícia da destruição total do Templo. À sombra de Isaías, ele aspira por se tornar profeta. Marcos *proclama*, segundo a tradição hebraica, e demonstra razoável ansiedade em relação ao seu grande precursor, o primeiro Isaías, com certeza, o maior dos profetas depois de Moisés. Marcos, a um só tempo, precisa de Isaías e o repele, pois o profeta há de ser suplantado, por meio das realizações de Cristo. Visto que o Jesus de Marcos é reservado, tanto quanto o próprio Marcos, é tão difícil revelar quanto ocultar uma verdade que transcende o javismo de Isaías. Se os ouvintes de Isaías demonstravam dificuldade de compreensão, Marcos desvia-se de Isaías, retratando os discípulos como pupilos não muito brilhantes de um mestre mercúrio que traz "um ensinamento novo!" (1, 27). Talvez Jesus seja impaciente, conforme seria o caso de qualquer mestre que tentasse anular um método anterior tão contundente quanto a Torá. Os discípulos, em Marcos, não podem ser culpados. Somente no capítulo 13, 14-27 eles tomam conhecimento do mistério:

"Quando vocês virem a abominação da desolação estabelecida no lugar onde não deveria estar (que o leitor compreenda), então, os que estiverem na Judéia devem fugir para as montanhas. Quem estiver no terraço, não desça para apanhar coisa alguma dentro de casa. Quem estiver no campo, não volte para pegar o manto. Infelizes as mulheres grávidas e aquelas que estiverem amamentando nesses dias! Rezem para que isso não aconteça no inverno. Porque, nesses dias haverá sofrimento como nunca houve, desde o início da criação feita por Deus, até agora; e nunca mais haverá outro igual. E se o Senhor não abreviasse esses dias, ninguém conseguiria escapar; mas ele abreviou aqueles dias, pelo bem dos eleitos que escolheu. E se alguém, na ocasião, disser a vocês: 'Olhem! Aqui está o Messias!', ou: 'Olhem, Ele está ali!' — não acreditem. Vão surgir falsos messias e falsos profetas que darão sinais e realizarão prodígios para enganar até mesmo os eleitos, se fosse possível. Prestem atenção! Eu já lhes revelei tudo.
"Mas nesses dias, depois do sofrimento,
o sol vai ficar escuro
e a lua não brilhará mais,
e as estrelas começarão a cair do céu,
e as forças dos céus ficarão abaladas.
Então, eles verão 'o Filho do Homem surgindo sobre as nuvens' com grande poder e glória. Então, ele enviará os anjos e, dos quatro cantos da Terra, reunirá as pessoas que

Deus escolheu, do extremo da Terra ao extremo do céu."

A abominação do sofrimento perpetrado no Templo refere-se a Daniel 9, 27 e, o que é ainda mais crucial, o mesmo pode ser dito sobre a versão de Marcos — "Filho do Homem" — que, no texto aramaico, significa apenas "alguém como um ser humano":

Enquanto eu olhava, uma visão noturna,
Alguém como um ser humano
Surgiu com as nuvens do céu;
Ele chegou ao Dia Final
E foi apresentado a Ele.
Reino, glória e majestade lhe foram oferecidos;
Todos os povos e nações, falantes de todos os idiomas
  devem servi-lo.
Seu reino é eterno e não passará.
E sua majestade não será destruída.

Daniel 7, 13-14

A desleitura convincente de Marcos altera "alguém como um ser humano" pelo apocalíptico "Filho do Homem". Isso conduz ao paradoxo maior desse Evangelho críptico. Visto que tanto Mateus quanto Lucas procedem de Marcos, não será exagero afirmar que o Jesus de Marcos, sumamente singular e misterioso, tornou-se normativo. Para todos os efeitos, não terá Marcos inventado o Jesus da fé? Não digo "inventar" no sentido literal, pois os seguidores de Jesus já o proclamavam Filho de Deus, ao menos, um quarto de século antes de Marcos escrever. Mas tais seguidores não nos deixaram nenhum texto, embora eu prossiga na convicção de que Marcos seguiu fontes escritas. Será que esses textos anteriores retratavam um Jesus sumamente singular e misterioso? Enigmas, na minha experiência literária, não são transmitidos com facilidade, e costumam passar por modificações importantes. Consideremos que Mateus e Lucas nos apresentam um Jesus bem menos caprichoso do que o de Marcos. De fato, os Evangelhos de Mateus e Lucas pouco refletem o retrato do Jesus inconstante e ambivalente pintado por Marcos, um Jesus que se faz imensamente difícil de entender. Depois que João Batista desaparece do relato de Marcos, tudo acerca de Jesus se torna, na verdade, ambíguo. Jesus causa perplexidade em todas as pessoas que encontra, e a ênfase obsessiva no impacto que ele provoca é por demais idiossincrática para não ser uma invenção do próprio Marcos. A família, discípulos, amigos, inimigos e as multidões de testemunhas sucumbem diante da novidade confrontada.

O Jesus de Marcos é o mestre do silêncio, um silêncio que somos convidados a compreender, *se pudermos*. Esse não é o Cristo proclamado por Paulo, nem o Filho de Deus apresentado por Mateus e Lucas, muito menos o Cristo cósmico do Evangelho de João. Quem compôs o texto de Marcos é um gênio tão original que permanece fora do nosso alcance, se bem que um Evangelho bizarro possa parecer um oximoro. Raymond E. Brown, excelente estudioso do Novo Testamento, assumiu uma postura bastante diferente a respeito do assunto:

> Desprezando grande parte da crítica bíblica, Kermode enfatiza a obscuridade de Marcos, de modo que, em meio a momentos de brilho, basicamente, o Evangelho permanece um mistério, semelhante às parábolas, excluindo do reino, arbitrariamente, os leitores. Deixando de lado as críticas ao livro de Kermode, que indagam se ele entende

de exegese e se não teria substituído ciência por arte, cabe a objeção de que Kermode isola a escrita de Marcos em relação à teologia cristã mais fundamental. Os temas da desobediência, do fracasso, do mal-entendido e das trevas são proeminentes em Marcos, mas a morte de Jesus na cruz, que constitui o momento mais sombrio do mencionado Evangelho, não é o fim. O poder de Deus irrompe, e um estranho, como é o caso do centurião romano, não é excluído — e compreende. A despeito da perplexidade das mulheres diante do túmulo, os leitores não ficam confusos: Cristo ressuscitou e pode ser visto.

An Introduction to the New Testament [Introdução ao Novo Testamento, 1997] (pp. 153-54)

Eu apenas diria a Brown que a escrita de Marcos e a "teologia cristã mais fundamental" não são, necessariamente, idênticas. O centurião talvez compreenda, mas, diante do túmulo, as mulheres devotas nada compreendem, e sem os versículos mais tarde acrescentados pelos editores cristãos, muitos leitores permaneceriam bastante incertos. O poder de Deus irrompe apenas no comentário teológico aduzido como 16, 9-20, que não é de autoria de Marcos, cujo Jesus exclama, em aramaico: "Meu Deus, por que me abandonaste?" (15, 34), em seguida, emite um forte grito, sem palavras, e expira. O lamento de angústia ecoa os primeiros versos do Salmo 22, e o texto de Marcos não explora a dor e o desespero com que Jesus morre.

Marcos segue Isaías em uma passagem que considero extremamente memorável, e que já citei. Eis, mais uma vez, Isaías 6, 8-10, seguido de Marcos 4, 10-12:

Ouvi, então, a voz do Senhor que dizia: "Quem é que vou enviar? Quem irá de nossa parte?" Eu respondi: "Aqui estou. Envia-me!" Ele me disse: "Vá e diga a esse povo:

'Escutem com os ouvidos, mas não entendam;
Olhem com os olhos, mas não compreendam!'
Torne insensível o coração desse povo,
Ensurdeça os seus ouvidos,
Cegue seus olhos,
Para que, vendo com os olhos
E ouvindo com os ouvidos,
Ele não compreenda com a mente,
Se arrependa e se salve."

Quando Jesus se distanciou, os que estavam com ele, em companhia dos 12, perguntaram o que significavam as parábolas. E ele lhes disse: "Para vocês, foi dado o mistério do Reino de Deus, mas, para os que estão fora, tudo acontece em parábolas, para que

'olhem mas não vejam,
escutem, mas não compreendam,
para que não se convertam e não sejam perdoados'."

Kermode, confrontando o enigma da passagem de Marcos e a fonte, em Isaías, sobrepõe, com grande utilidade, a mitigação que Mateus confere a Marcos, no Evangelho de Mateus 13, 10-17:

Os discípulos aproximaram-se, e perguntaram a ele: "Por que usas parábolas para falar com eles?" Jesus respondeu:

"A vocês foi dado conhecer os mistérios do Reino do Céu, mas a eles não. Pois, a quem tem será dado ainda mais, e terão abundância; mas daqueles que não têm será tirado até o pouco que têm. Uso parábolas para falar com eles porque assim eles olham e não vêem, ouvem e não escutam nem compreendem. Desse modo se cumpre para eles a profecia de Isaías, que diz:
'É certo que vocês ouvirão, porém nada compreenderão, e é certo que olharão, porém nada verão.
Porque o coração desse povo se tornou insensível, e eles são duros de ouvido,
e fecharam os olhos,
para não ver com os olhos,
e não ouvir com os ouvidos,
não compreender com o coração e não se converter.
Assim eles não podem ser curados.'
Mas felizes são os olhos de vocês, porque vêem, e seus ouvidos, porque ouvem.
Em verdade, digo a vocês: muitos profetas e justos desejaram ver o que vocês estão vendo, e não puderam ver; ouvir o que vocês estão ouvindo, e não puderam ouvir."

A Parábola do Semeador, que aparece tanto em Marcos quanto em Mateus, representa a tentativa de Jesus de semear a Palavra de Deus, mas, em Marcos, os discípulos não conseguem, absolutamente, compreender. Pássaros que devoram as sementes do Salvador pertencem a (com efeito, são o próprio) Satanás. Será que Marcos compreende a parábola, ou mesmo a interpretação de Jesus? Embora Marcos não o diga, devemos supor que soubesse que o Jesus por ele representado aludia, constantemente, à ironia amarga de Isaías, em que Javé envia um profeta comprometido e motivado, ao mesmo tempo que observa que tal profeta não será compreendido. Mateus suaviza a aspereza de Marcos, cita, diretamente, Isaías e assim nos oferece um Jesus bem mais convencional, capaz de não se importar com qualquer lentidão do entendimento, seja entre o povo ou entre os próprios discípulos. Mas o que acontece com a percepção característica de Marcos, quanto à personalidade misteriosa de Jesus, se aceitarmos a revisão feita por Mateus?

Barry Qualls, seguindo Kermode, ilumina Marcos, a meu ver, com mais contundência do que qualquer outro estudioso. Eis Qualls, no ensaio intitulado "São Marcos Diz que Eles Não Devem" (*Raritan* VIII: 4 [primavera de 1989]):

Os autores do Novo Testamento, com sua autoconsciência, são os exemplos extremos desse confronto *e* da angústia produzida por tal confronto entre escritores decididos a construir uma fé que houvesse de triunfar sobre as contingências da história. Somente Marcos, desejoso de tornar "cativos" os textos hebreus, sente-se à vontade diante dos hiatos (com suas decorrentes ambigüidades) existentes nesses textos — e diante do trabalho de leitura e interpretação exigido por tais hiatos.

[...] como Marcos difere dos escritores cristãos que o seguiram, e como se assemelha aos primeiros autores hebreus, de modo especial, à Javista! Dos autores dos Evangelhos, Marcos é o que melhor compreende, e não teme a disposição da Javista em contemplar o contraditório e o ambíguo, a determinação hebraica de convocar o leitor a participar da história. De maneira sublime, Marcos sente-se à vontade com os hiatos. "(Que o leitor compreenda)", ele diz, em uma surpreendente observação parentética inserida no capítulo (13, 14), em que ele escreve o seu próprio apocalipse (com ecos de Daniel). A compreensão, ou melhor, a dificuldade de compreensão, é de fato o tema de Marcos, tanto quanto o tema dos escritores hebreus que, embora certos das palavras de Deus, precisam registrar quão distante as promessas parecem estar das ações e dificuldades dos seres humanos. Em Marcos vislumbramos pela derradeira vez na Bíblia (cristã) a liberdade da Javista, ao encontrar e recontar, sem estupefação ou temor, os atos do seu Deus. Depois de Marcos, *o texto* é feito cativo. Marcos, porém, obcecado por "mistério, silêncio e incompreensão", conforme diz Kermode, "prefere as sombras". Prefere permitir aos leitores, a exemplo dos seus discípulos, ver, ouvir, quiçá compreender, e quase negar.

[...] As estratégias de caracterização, em Marcos, revelam um autor que busca a ambigüidade. Em Marcos, o "Filho de Deus" está sempre no meio da multidão, mas sempre busca um local isolado; sempre falando, mas sempre exortando ao silêncio; sempre explicando, embora convicto de que suas palavras não serão compreendidas. A família do "Filho de Deus", que entra no texto sem qualquer introdução, fica perplexa diante da rejeição expressa pelo protagonista (3, 31-35); os amigos têm certeza de que "ele tinha ficado louco" (3, 21); e os inimigos, como seria de esperar, repetem tais reações e acrescentam outras. Os discípulos, desde logo, questionam "quem é este homem [...]?" (4, 41) e, continuamente, mostram-se "perplexos diante das palavras dele", indagando o sentido do uso que ele faz da linguagem (a idéia que têm de reino passa pela percepção de qual deles "será o maior", em um reino *terrestre*, parece-lhes incompreensível que um reino seja comparado a um grão de mostarda, parábola ou não). Até mesmo a expressão de Marcos — "Filho de Deus" — é repetida de maneira a solapar autoridade. As únicas ocorrências da expressão no texto, após o início, são nas palavras dos endemoniados, indivíduos que não têm a menor dificuldade em ver a ligação de Jesus com Deus (veja 5, 7), e ao final, nas palavras do centurião romano — "De fato, esse homem era mesmo o Filho de Deus" (15, 39) —, ao ouvir Jesus gritar da cruz. Fora essas situações, ouvimos as pessoas chamá-lo "filho de Davi". Ouvimo-lo, muitas vezes, chamar a si mesmo "Filho do Homem". E ouvimos Pedro dizer "Tu és o Cristo" para, então, demonstrar um entendimento tão restrito do sentido dessas mesmas palavras, que Jesus lhe diz: "Fique longe de mim, Satanás!" (8, 29, 33). Não é de estranhar que demonstramos tamanha "perplexidade", quando, depois de ser preso, Jesus responde à pergunta do sumo sacerdote — "Tu és o Cristo?" —, afirmando: "Eu sou" (14, 62).

O que Qualls capta é a urgência impactante da postura de Marcos, a renovação que este opera da liberdade demonstrada pela Autora "J", ao representar Javé como ser excelso, porém bastante humano. Quando defendo o argumento, ao longo deste livro, de que o Deus teológico, o Jesus Cristo do Evangelho de João e da teologia católica posterior, é, claramente, irreconciliável com Javé, em parte, quero dizer que o Jesus Cristo trinitário é grego, e que Javé encerra, precisamente, algo que sempre resiste ao pensamento grego na tradição hebraica. No entanto, duas versões de Jesus, a de Marcos e determinadas facetas do indivíduo revelado no semignóstico Evangelho de Tomé, são profundamente compatíveis com o Javé de "J". É um enigma, para mim, que o Jesus de Marcos e o Jesus do Evangelho de Tomé tenham pouco, ou nada, em comum, mas o extremamente amplo, o Javé original, tem espaço suficiente para ambos.

Marcos exibe um orgulho sombrio diante da novidade perturbadora inerente ao Jesus por ele retratado, mas, é bom lembrar, também o Javé de "J" é sempre desconcertante. Os dois homens-deuses (expressão infeliz, mas qual seria a alternativa?) rompem os limites que, supostamente, definem a fronteira entre o antropomórfico e o teomórfico. O Jesus de Marcos é misterioso, ao passo que o Javé de "J" é infantil e atrevido; contudo, Qualls tem razão, ao relacionar esse Jesus a um Javé que é sempre o mestre do inesperado. Quanto a mim, expressando agora apenas na condição de crítico literário, não creio que o Jesus de Mateus ou de Lucas seja, verdadeiramente, o Filho de Deus. Porém, ainda na condição de crítico, reconheço que a inusitada força literária de Marcos, ao estilo grotesco de Poe, na verdade sugere que um Filho de Javé vive nas páginas do Evangelho.

CAPÍTULO 7   O Evangelho de João

"'Abraão, o pai de vocês, alegrou-se porque viu o meu dia. Ele viu e encheu-se de alegria.' Então os judeus disseram: 'Ainda não tens cinqüenta anos, e viste Abraão?' Jesus respondeu: 'Em verdade, digo a vocês: antes que Abraão existisse, Eu Sou'" (João 8, 56-58).

É tarde demais, na história ocidental, para qualquer auto-ilusão de natureza religiosa ou humana quanto à apropriação da Bíblia Hebraica pelo cristianismo. É, certamente, tarde demais, na história judaica, para não se entender com plena clareza o caráter e o efeito desse ato cristão de usurpação total. A melhor descrição preliminar que conheço é a de Jaroslav Pelikan:

> O que a tradição cristã fez foi tomar como suas as Escrituras Judaicas, de modo que Justino pôde dizer a Trifo que as passagens acerca de Cristo "estão contidas nas vossas Escrituras, ou melhor, não vossas, mas nossas". Na realidade, algumas passagens constavam exclusivamente das "nossas", isto é, do Antigo Testamento cristão. Os teólogos cristãos sentiam-se tão seguros em sua posse das Escrituras que chegavam a acusar os judeus não apenas de as

compreender e interpretar mal, como também de falsificar textos sagrados. Quando encontravam diferenças entre o texto hebreu do Antigo Testamento e a Septuaginta, aproveitavam-se do achado para comprovar suas acusações [...]. A crescente facilidade com que apropriações e acusações podiam ser feitas era proporcional à plenitude da vitória cristã sobre o pensamento judaico. Entretanto, essa vitória se deu, em grande parte, espontaneamente. O maior responsável foi o movimento da história judaica, e não a força superior da exegese, da erudição ou da lógica cristã.

Volto à grande proclamação do Jesus segundo João: "antes que Abraão existisse, Eu Sou". Como descrever o poder sublime dessa asserção? Não será a resposta antitética do Novo Testamento ao momento mais sublime da Javista, quando Moisés, angustiado, balbucia: "Se eu me dirigir aos filhos de Israel e dizer-lhes: O Deus dos antepassados de vocês me enviou até vocês, e eles me perguntarem: Qual é o nome dele? O que é que eu vou responder?" Deus disse a Moisés: "EU SOU AQUELE QUE SOU."

A visão que a Javista tem de Deus, com toda a certeza, centra-se intensamente nessa passagem de Êxodo (3, 13-14). Mas a história da antiga exegese judaica, dificilmente, levaria alguém a crer que essa passagem crucial suscitasse o menor interesse, ou tivesse qualquer importância para os grandes comentaristas rabínicos. O *Exodus Rabbah* oferece, principalmente, *midrashim* que relacionam o nome de Deus aos poderes que haveriam de libertar Israel do Egito. Porém, a frase *ehyeh asher ehyeh*, evidentemente, não continha força efetiva para os grandes fariseus. De fato, a tradição judaica quase ignora essa proclamação majestosa, até que, no século XII, Maimônides aborda a questão, em seu *Guia de Transviados*. Um de meus livros prediletos, *The Old Rabbinic Doctrine of God* (A antiga doutrina rabínica de Deus), de Arthur Marmorstein, em uma seção de 150 páginas, intitulada "Os Nomes de Deus", não faz qualquer referência a Êxodo 3. Ou nos caberá concluir que *ehyeh asher ehyeh* fazia pouco sentido para Akiba e seus colegas, o que penso, provavelmente, tenha sido o caso, ou devemos recorrer a teorias dúbias de tabu, que pouco têm a ver com a força de Akiba.

O enigma se torna maior quando a primeva indiferença rabínica à surpreendente expressão *ehyeh asher ehyeh* é contrastada com a obsessão cristã por Êxodo 3, obsessão essa que surge a partir do Novo Testamento e se torna decisiva nos Pais da Igreja, culminando na perene preocupação de Agostinho com a referida passagem, uma vez que, para Agostinho, ela representa o indício mais marcante da essência metafísica de Deus. Brevard Childs, em seu comentário a respeito de Êxodo, esboça a história desse duradouro episódio da exegese cristã. Com o devido respeito, discordo da avaliação de Childs, de que, nesse caso, os aspectos ontológicos da interpretação cristã, na realidade, configuram algum tipo de continuidade com o texto bíblico ou com as tradições rabínicas. Esses "matizes ontológicos", conforme o próprio Childs é obrigado a observar, decorrem da versão da Septuaginta e da paráfrase sumamente platônica de Filo, em *Sobre a Vida de Moisés*: "Diga-lhes que sou Aquele que É, para que aprendam a diferença entre o que é, e o que não é." Conquanto Childs insista que o conceito não pode ser descartado como pensamento grego, não é outra coisa senão exatamente isso, e explica, mais uma vez, por que Filo foi decisivo para a teologia cristã e tão irrelevante para a continuidade do judaísmo normativo.

O enigma que persiste, então, diz respeito à total ausência de interesse rabínico no texto *ehyeh asher ehyeh*. Detenho-me nesse ponto porque, na minha leitura, a maior deturpação que João impõe à Bíblia hebraica é o que chamo de "transformação" das palavras de Javé a Moisés, conforme constatada na extraordinária reação de Jesus — "Antes que Abraão existisse, Eu Sou" —, que, no fundo, proclama: "Antes que Moisés existisse, Eu Sou." A meu ver, temos aqui a manifestação mais aguda da ambivalência tangível de João diante de Moisés, ambivalência da qual o estudioso mais arguto tem sido Wayne Meeks. João joga com e contra o brilhante jogo de palavras envolvendo "Yahweh" e "*ehyeh*". Todavia, ao fazer tal afirmação, oponho-me à autoridade dos estudos mais avançados a respeito do quarto evangelho, e, por conseguinte, preciso lidar com essa dificuldade, antes de retomar a questão da ambivalência joanina perante as tradições de Moisés. E somente após examinar o embate entre João e Moisés sentir-me-ei à vontade para especular acerca da antiga indiferença rabínica à substituição que Deus faz de seu nome próprio pela frase *ehyeh asher ehyeh*.

Tanto B. Lindars quanto C. K. Barrett, em seus consagrados comentários a respeito de João, insistem que as palavras "Antes que Abraão existisse, Eu Sou" não fazem qualquer alusão a "Eu Sou Aquele Que Sou". Um crítico literário deve, de início, registrar que os estudos sobre o Novo Testamento demonstram noção bastante simplificada quanto ao que constitui, ou pode constituir, alusão literária, mesmo nessa configuração extraordinariamente singular. Mas cabe lembrar a leitura insípida que Barrett faz da mencionada afirmação de Jesus: "O sentido é o seguinte: antes de Abraão existir, eu já existia, conforme hoje sou, e continuarei a ser, para sempre." O magistral intérprete moderno de João, Rudolf Bultmann, parece-me ainda menos apto a lidar com a metáfora. Eis sua leitura de João 8, 57-58:

> Os judeus continuam presos nas redes do seu próprio ideário. Como poderia Jesus, que ainda não tem cinqüenta anos, ter visto Abraão! *No entanto*, a concepção que o mundo tem de tempo e idade é inútil, quando é mister lidar com a revelação de Deus, assim como é inútil a concepção mundana de vida e morte. "Antes que Abraão existisse, Eu Sou." Ao contrário de Abraão, o Revelador não pertence às galerias de personagens históricos. O *ego* que Jesus expressa na condição de Revelador é o "Eu" do Logos eterno, que, no princípio, era o "Eu" do próprio Deus eterno. Contudo, os judeus não compreendem que o ego da eternidade há de ser ouvido em um indivíduo histórico, que ainda não tem cinqüenta anos, que, na condição de homem, é um dos seus pares, cuja mãe e pai eles conheciam. Não compreendem, porque a noção da "pré-existência" do Revelador só pode ser compreendida na fé.

Também em uma nota, Bultmann nega qualquer alusão à declaração de Javé — "Eu Sou Aquele Que Sou". Acho irônico que, quase dois mil anos depois de São Paulo ter acusado os judeus de literalistas, os principais estudiosos do cristianismo sejam literalistas inveterados, o que, evidentemente, os grandes rabinos nunca foram. Não posso conceber uma leitura menos contundente das palavras "Antes que Abraão existisse, Eu Sou" do que o recuo de Bultmann na "fé", uma "fé" na "pré-existência" de Jesus. Ainda que eu — ou quem quer que seja — não possa questionar um argumento baseado unicamente na fé, se isso é tudo que João quis dizer, então, foi mesmo um poeta fraco. Ocorre, porém, que esse trecho expressa o que há de melhor em João, e, quando excede, João é um leitor vigoroso, por conseguinte, escritor vigoroso. Quanto ao ponto polêmico de Bultmann, satisfaço-me ao repetir algumas observações feitas pelo rabino David Kimhi, quase oitocentos anos atrás:

> Dizei-lhes que não pode haver pai e filho na Divindade, pois a divindade é indivisível, sendo uma em todos os aspectos da unidade, ao contrário de matéria divisível.
> Dizei-lhes mais, que o pai precede o filho no tempo, e que o filho nasce pela ação do pai. Embora os termos "pai" e "filho" tenham implicações mútuas [...] aquele chamado de pai, forçosamente, virá antes no tempo. Portanto, quanto a esse Deus a quem eles chamam Pai, Filho e Espírito Santo, a parte à qual denominam Pai é anterior àquela que chamam Filho, pois se coexistissem, seriam irmãos gêmeos.

Cito esse trecho, por um lado, porque muito o aprecio, mas também porque essas palavras levantam a verdadeira questão entre Moisés e João, entre Abraão e Jesus, quer dizer, a questão tripla e polêmica da primazia, autoridade e originalidade. Na minha leitura, o tropo de João afirma não apenas a primazia de Jesus sobre Abraão (e assim, necessariamente, sobre Moisés), mas também a primazia, a autoridade e a originalidade de João diante de Moisés, ou como podemos dizer, de João enquanto escritor diante da Javista enquanto escritora. Essa é a direção que me interessa, no presente relato do embate entre a Javista e João; portanto, volto-me agora para algumas observações gerais acerca do quarto evangelho — observações de um crítico literário, obviamente, e não de um fiel e/ou estudioso especializado no Novo Testamento.

Entre todos os evangelhos, o de João parece exibir o tom mais angustiado, e a modalidade dessa angústia apresenta uma natureza que eu consideraria tão literária quanto existencial ou espiritual. Sinal dessa angústia é a diferença palpável entre a atitude de Jesus, em relação a si mesmo, no quarto evangelho, comparada àquela que observamos nos outros três. É consenso entre os estudiosos que o texto de João foi escrito no final do primeiro século, portanto, depois dos Evangelhos Sinóticos. Um século é, certamente, tempo bastante para que uma esperança apocalíptica retroceda e seja substituída por uma forte sensação de atraso. O Jesus de João demonstra certa obsessão com a própria glória, de modo especial, com o que deve constituir essa glória no contexto judaico. A exemplo do Jesus do gnosticismo, o Jesus de João é dado a dizer "eu sou", e há toques gnósticos por todo o quarto evangelho, embora a extensão de tais vestígios seja discutível. Talvez, conforme deduzem alguns estudiosos, exista um evangelho anterior, mais gnóstico, escondido no Evangelho de João. Um artigo interessante, de autoria de John Meagher, de Toronto, publicado em 1969, chega a sugerir que, originalmente, João 1, 14 dizia: "E o Verbo se fez *pneuma* e habitou entre nós", o que encerra uma formulação gnóstica, embora, curiosamente, mais no espírito e no tom de grande parte do quarto evangelho do que "E o Verbo se fez homem".

A flagrante maldade do Evangelho de João para com os fariseus traduz, no extremo, uma angústia diante da autoridade espiritual farisaica, e talvez seja acirrada pelas nuanças gnósticas presentes em João. Um leitor judeu que possua o menor senso de história judaica sente-se ameaçado ao ler

João 18, 28; 19, 16. Não penso que tal sensação tenha a ver com o suposto *pathos* ou a (problemática) força literária da passagem. Existe algo particularmente errado nas palavras do Jesus de João: "Se o meu reino fosse deste mundo, os meus criados lutariam para que eu não fosse entregue às autoridades dos judeus" (18, 36); isso implica que Jesus já não é judeu. Esse toque infeliz é mais um sinal da retórica da angústia que predomina no quarto evangelho. A visão de João parece pertencer a um pequeno grupo — supostamente, o grupo dele próprio —, que encontra origem análoga e definida no grupo que cercava Jesus, duas gerações antes. Segundo avaliação geral dos estudiosos, a conclusão original do Evangelho de João era a parábola de Tomé, aquele que duvidava — metáfora expressiva para uma seita ou grupo que passava por uma crise de fé.

É em meio a essas expectativas frustradas (talvez de uma recente expulsão do mundo judaico) que o embate entre João e Moisés encontra o seu contexto. Wayne Meeks escreveu, com grande sensibilidade, sobre a ambivalência do quarto evangelho em relação às tradições de Moisés, de modo especial aquelas centradas na imagem de Moisés como profeta-rei, amálgama singular dos dois papéis que João procura desenvolver e superar em Jesus. João, e Paulo antes dele, enfrentou um precursor e rival insuperável, e a vitória aparente dos primeiros é ilusória. A dignidade estética da Bíblia hebraica, e da Javista, particularmente, na condição de original fantástico, está além da capacidade competitiva do Novo Testamento, tratando-se de façanha literária, assim como está além dos textos gnósticos que sobreviveram e que possuem algum valor estético — fragmentos de Valentinus e o Evangelho da Verdade, possivelmente, escrito por Valentinus.

Há tantos embates com Moisés ao longo do Novo Testamento que não tenho como contrastar João, sob esse prisma, a todas as demais referências, mas gostaria de compará-lo, brevemente, a Paulo, apenas porque, mais adiante, pretendo abordar alguns aspectos do embate do próprio Paulo com a Bíblia hebraica. Desconheço algo mais pungente, em todo o comentário existente acerca de Paulo, do que as observações feitas por Nietzsche, em 1888, em *O Anticristo*:

> Paulo é a encarnação de um tipo que é o oposto daquele do Salvador; é o gênio que odeia, que atua do ponto de vista do ódio, segundo a lógica implacável do ódio [...]. O que ele desejava era poder; com São Paulo, novamente, o sacerdote aspirava ao poder — ele só podia se valer de conceitos, doutrinas, símbolos com os quais as massas são tiranizadas, e por meio dos quais se formam os rebanhos.

É certo que Nietzsche é extremo, mas poderá ser refutado? Paulo é um leitor tão descuidado, desatento e apressado da Bíblia hebraica que muito raramente acerta em alguma passagem; e, em um indivíduo dotado de tamanho talento, esse tipo de incompreensão só pode resultar dos dialetos do instinto de poder, da vontade de poder em relação a um texto, mesmo quando o texto é tão grandioso quanto o da Torá. Existe pouca astúcia antagônica nas interpretações equivocadas que Paulo faz da Torá; muitas dessas interpretações constituem, na verdade, erros ridículos. O mais célebre é a estranha exegese de Êxodo 34, 29-35, em que o texto apresenta Moisés descendo do Sinai, com as tábuas na mão, o rosto reluzente na glória de Deus — glória tão grande que Moisés precisa encobrir o semblante, depois que fala ao povo, e só desvelá-lo quando voltar a falar com Deus. A interpretação normativa judaica, que Paulo certamente conhecia, era de que o brilho sinalizava o resgate que a Torá fazia de *ze-lem*, a verdadeira imagem de Deus, perdida por Adão, e que esse mesmo brilho permaneceu até o falecimento de Moisés. Contudo, eis 2 Coríntios 3, 12-13:

> Fortalecidos por tal esperança, estamos plenamente confiantes, ao contrário de Moisés, que colocou um véu sobre a face para que os filhos de Israel não percebessem o fim daquele esplendor.

Não há como resgatar essa passagem, nem mesmo qualificando-a, com benevolência, como "paródia" ao texto hebraico, conforme o faz Wayne Meeks. Não se trata de mentira contra o tempo, ao estilo joanino; é, simplesmente, mentira contra o texto. Tampouco é algo raro em Paulo. Meeks, de modo comovente, chama Paulo de "Proteu cristão", e Paulo, com certeza, está além da minha compreensão. Proteu é modelo adequado para muitos outros papéis, mas talvez não para um intérprete da lei mosaica. A leitura feita por Paulo daquilo que ele achava que fosse a Lei parece-me, cada vez mais, estranhamente freudiana, porquanto Paulo identifica a Lei com o instinto humano que Freud queria chamar de Tânatos. A confusão que Paulo faz da Lei com a morte, presumivelmente, o impede de ver Jesus como realização transcendental que se reporta a Moisés. Antes, Paulo contrasta a si mesmo com Moisés, e não se coloca em desvantagem. Daí, Romanos 9, 3:

> Eu gostaria de ser amaldiçoado e separado de Cristo em favor dos meus irmãos de raça.

O ímpeto de Paulo talvez possa parecer, a princípio, orgulho judaico, sentimento do qual eu concederia ao Paulo protéico uma boa quantidade, mas a alusão mosaica altera a natureza desse orgulho. Todos os exegetas apontam Êxodo 32, 32 como texto precursor. Moisés se oferece a Javé, em expiação, após a orgia realizada pelo povo em adoração ao Bezerro de Ouro: "Mas, agora, ou perdoas o pecado deles ou, eu te peço, risca-me do livro que escreveste." Como comparar as duas ofertas de intercessão? Afinal, o povo *pecou*, e Moisés opta pelo esquecimento, para salvar a sua gente das conseqüências da infidelidade. A força alusiva da oferta de Paulo volta-se contra seus contemporâneos judeus e contra o próprio Moisés. Até mesmo os fariseus (por quem Paulo, diferente de João, demonstra contínuo apreço) são adoradores do bezerro de ouro da morte, pois a Lei *é* morte. E tudo que Moisés, supostamente, fez foi abrir mão de sua grandeza profética, de um lugar na história da salvação. Mas Paulo, por suposto amor pelos companheiros judeus, dispõe-se a perder mais do que Moisés, porque insiste que tem mais a perder. Ser separado de Cristo é morrer eternamente, sacrifício maior do que a oferta mosaica de ser semelhante a alguém que nunca viveu. Isso é o que eu chamaria de o contra-sublime demoníaco da hipérbole, cuja força repressiva é enorme e muito reveladora.

Mas, volto a João, cujo embate revisionista contra Moisés é mais sutil. Meeks delineou a respectiva trajetória das alusões, e, portanto, aqui vou segui-lo, embora ele houvesse de divergir da interpretação que ofereço para a referida trajetória. As alusões iniciam com João Batista entoando típica inversão joanina, em que o retardatário tem franca primazia ("João dava testemunho dele, e proclamou: 'Este é aquele, a respeito de quem falei: aquele homem que vem depois de mim passou à minha frente, porque existia antes de mim'"), ao que o autor do quarto evangelho acrescenta:

"Porque a Lei foi dada por Moisés, mas a graça e a verdade vieram através de Jesus Cristo" (João 1, 15-17). Mais adiante, o primeiro capítulo proclama: "Encontramos aquele de quem Moisés escreveu na Lei e também os profetas: é Jesus de Nazaré" (1, 45). O terceiro capítulo, com ousadia, inverte um grande tropo mosaico, de um modo sempre desconcertante para qualquer leitor judeu: "Ninguém subiu ao céu, a não ser aquele que desceu do céu, o Filho do Homem. E assim como Moisés levantou a serpente no deserto, do mesmo modo é preciso que o Filho do Homem seja levantado" (3, 13-14). O gênio indubitavelmente revisionista de João é aqui impressionante, estritamente do ponto de vista técnico ou retórico. Jamais foram feitas revelações celestiais a Moisés. Jesus na cruz será a realização antitética de Moisés levantando a serpente infame no deserto. Moisés foi apenas uma parte, mas Jesus completa o todo. Minha rejeição a uma linguagem tipológica, aqui e em outros momentos, é proposital.

A mesma intensidade de realização antitética é invocada quando Jesus se declara a concretização do sinal do maná, conforme seria de esperar do Messias. Mas aqui a ambivalência gratuita em relação a Moisés é mais penetrante: "Em verdade, em verdade, digo a vocês, não foi Moisés que lhes deu o pão vindo do céu; é meu pai quem dá a vocês o verdadeiro pão que vem do céu. Pois o pão de Deus é aquele que desce do céu e dá vida ao mundo" (6, 32-33). À medida que se desenvolve, a metáfora, em um contexto judaico, torna-se tão chocante que até mesmo os discípulos se assustam; a esse respeito, destaco um momento específico, que marca a crescente violência de João contra Moisés e todos os judeus: "Os pais de vocês comeram o maná no deserto e, no entanto, morreram. [...] Eu sou o pão vivo [...].

Quem come deste pão viverá para sempre; e o pão que eu vou dar, para que o mundo tenha a vida, é a minha própria carne" (6, 49-51). É, afinal de contas, desnecessário afirmar que nossos pais comeram o maná e morreram; é até enganoso, pois, se não tivessem comido o maná, não teriam vivido tanto quanto viveram. Mas João alterna o tom, recorrendo agora ao contra-sublime demoníaco, e sua hipérbole contribui para estabelecer uma nova sublimidade cristã, em que judeus morrem e cristãos vivem eternamente.

Em vez de multiplicar exemplos do revisionismo de João, quero concluir minhas observações sobre o quarto evangelho examinando, em todo o seu contexto, a passagem com a qual iniciei o capítulo: "Antes que Abraão existisse, Eu Sou." Muito me desagrada o trecho que procedo a esclarecer, porque nele encontro o que há de mais antipático e, na realidade, antijudaico em João, mas a força retórica extraordinária contida em "Antes que Abraão existisse, Eu Sou" depende, em grande parte, de contextualização, pois João anula o orgulho judaico inerente à descendência de Abraão. O trecho, que compreende a maior parte do capítulo oito, inicia com Jesus no templo, cercado de fariseus e judeus em processo de se tornarem crentes. Àqueles que começam a ser persuadidos, Jesus agora diz algo que, certamente, os repelirá:

> "Se guardarem a minha palavra, vocês de fato serão meus discípulos; conhecerão a verdade, e a verdade os libertará." Eles responderam: nós somos descendentes de Abraão, e nunca fomos escravos de ninguém. Como podes dizer: "Vocês serão libertados?"
>
> 8, 31-33

Parece, retoricamente, pífio que Jesus agora se torne agressivo, invocando insinuações homicidas:

> "Eu sei que vocês são descendentes de Abraão; no entanto, estão procurando me matar, porque minha palavra não entra na cabeça de vocês. Eu falo das coisas que vi junto ao Pai, e vocês fazem aquilo que ouvem do pai de vocês."
>
> 8, 37-38

Conforme o Jesus de João, com toda a bondade, está prestes a informar, o pai dos judeus é o diabo. Não se pode culpá-los por responder: "Nosso pai é Abraão", nem por supor que o denunciante está tomado por um demônio. Olho o rodapé da página do texto que estou utilizando — *The New Oxford Annotated Bible, Revised Standard Version* (1977) — e constato que, ao lado do versículo 48, quanto à questão do "demônio", os editores, prestimosos, informam: "*Os judeus* recorrem ao insulto e à calúnia." Penso que esse tipo de erudição é uma disciplina maravilhosa, e replico, timidamente, que qualquer leitura desapaixonada poderá perceber que é o Jesus de João quem primeiro recorre "ao insulto e à calúnia". Que importa, se os judeus estão caindo direto na armadilha retórica de João? Jesus promete que os que nele crêem "nunca verão a morte", e os filhos de Abraão (ou filhos do diabo?) protestam:

> "Abraão morreu, e os profetas também; e tu dizes: 'se alguém guarda a minha palavra nunca vai experimentar a morte'. És maior que o nosso pai Abraão, que morreu?"
>
> 8, 52-53

O EVANGELHO DE JOÃO | 107

Jesus responde chamando-os de mentirosos, mais uma vez, gratuitamente, e, em seguida os enlaça, com a armadilha mais sutil utilizada por João, que me traz de volta ao ponto de partida:

> "'Abraão, o pai de vocês, alegrou-se porque viu o meu dia. Ele viu e encheu-se de alegria.' Então os judeus disseram: 'Ainda não tens cinqüenta anos, e viste Abraão?' Jesus respondeu: 'Em verdade, digo a vocês: antes que Abraão existisse, Eu Sou.'"
>
> João 8, 56-58

Quando o Jesus de João diz "antes que Abraão existisse, Eu Sou", a alusão, em última instância, não é a Abraão, mas a Moisés e à declaração que Javé fez a Moisés: "Eu sou aquele que sou." A metáfora salta por cima de Abraão, pois diz também "antes que Moisés existisse, Eu Sou", e sugere, no extremo: "Eu sou aquele que sou" — porque sou um, com meu pai Javé. A ambivalência e a intensidade agnóstica do quarto evangelho alcançam a apoteose com essa introjeção sublime de Javé, que, simultaneamente, também é projeção ou rejeição a Abraão e Moisés.

No início dessa análise, confessei minha surpresa com a indiferença normativa dos antigos rabinos diante da afirmação sublime de Javé — *ehyeh asher ehyeh*. Se o grande rabino Akiba um dia especulou acerca dessa frase enigmática, ele guardou para si a especulação. Mas duvido que tenha feito qualquer conjectura nesse sentido, pois não creio que um sábio tão intrépido costumasse esconder suas deduções, e não sou tão ferrenho cabalista a ponto de achar que Akiba ocultasse saberes proibidos ou esotéricos. Para a mentalidade normativa do judaísmo mais ou menos contemporânea a Jesus, não havia, evidentemente, nada de extraordinário no fato de Javé se eximir de revelar seu nome e, em vez disso, afirmar, quase jocosamente: "Diga-lhes que sou eu — aquele que estará presente onde e quando estiver presente — quem enviou você." Assim falava Javé, e assim era Javé. Porém, para o ouvinte tardio do quarto evangelho, assim como para todos nós que chegamos tardiamente, "Eu sou aquele que sou" sempre foi uma espécie de *mysterium tremendum*, expressão empregada por Rudolf Otto no grande livro *The Idea of the Holy* (A idéia do sagrado). Tal mistério João tentou transcender com a formulação "antes que Abraão existisse, Eu Sou". Antes do texto de Êxodo estava o texto que João escrevia, em que os judeus seriam arrastados ao universo da morte, enquanto Jesus conduzia João ao universo da vida.

Não vejo como qualquer crítico literário que se preze possa deixar de considerar João um mau revisionista da Autora "J" e Paulo ainda inferior, a despeito do estranho *pathos* característico da sua personalidade protéica. No embate estético entre a Bíblia hebraica e o Novo Testamento, não existe, a rigor, competição, e quem não pensar assim, então, que Deus o abençoe.

Mas, com certeza, a questão não é estética — é bom lembrar. Estamos todos presos à história, e o triunfo histórico do cristianismo é um fato. Não me sinto compelido a falar a respeito, mas sinto-me compelido a rejeitar padrões idealizados de interpretação que esse triunfo instigou, desde a antiga tipologia até o ressurgimento da *figura*, em Erich Auerbach, e o Grande Código Blakiano de Northrop Frye. Nenhum texto, laico ou religioso, completa outro texto, e todos os que insistem no contrário tão-somente homogeneízam a literatura. Quanto à relevância do estético na questão do conflito entre textos sagrados, duvido, em última instância, que haja outros aspectos mais relevantes para o leitor esclarecido, o leitor que não seja dominado por persuasões ou convicções extraliterárias. Ler *O Livro dos Mórmons*, por exemplo, é experiência estética difícil, e admito que poucos trechos do Novo Testamento me submetem a sofrimento comparável. Mas João e Paulo não pedem para ser lidos em contraste com *O Livro dos Mórmons*.

Pode o revisionismo a que o Novo Testamento submete a Bíblia hebraica ser lido de modo menos polêmico e destrutivo? Por mim, não. Mas não devemos nos precipitar ao descartar uma leitura informada por uma consciência das trilhas percorridas pelo antitético, das estratégias revisionistas desenvolvidas por retardatários que buscam se fortalecer, dispostos a sacrificar a verdade para obter força, mesmo quando proclamam a encarnação da verdade além da morte. Nietzsche não é, absolutamente, o sábio preferido dos estudiosos contemporâneos do Novo Testamento, mas talvez ele ainda tenha algo vital a lhes ensinar.

O que têm judeus e cristãos a ganhar, quando se recusam a ver que o desespero revisionista do Novo Testamento impossibilita, de uma vez por todas, a identificação da Bíblia hebraica com o Antigo Testamento cristão? Sem dúvida, há benefícios sociais e políticos na idealização do "diálogo", mas não há nada além disso. Mentir para terceiros ou para si mesmo, a fim de propiciar mais afeto ou cooperação entre cristãos e judeus, não constitui uma contribuição à vida do espírito nem do intelecto. Paulo é incorrigivelmente equívoco em quase todos os assuntos, mas, na minha leitura, não é um judeu anti-semita; contudo, a deturpação por ele imposta à Torá é total. João é, evidentemente, um judeu anti-semita, e, na prática, o quarto evangelho é fatal, na condição de texto antijudaico. Porém, em termos teológicos e emocionais, o Evangelho de João é central ao cristianismo. Concedo a palavra final ao sábio a quem a tradição judaica chama Radak, o mesmo David Kimhi por mim já citado e que, por sua vez, como fonte que sustenta a sua argumentação, cita Ezequiel 16, 53: "Eu vou libertá-las, libertar Sodoma e suas filhas." E então Radak comenta, cheio de razão, descartando de sua perspectiva todos os cristãos, considerando-os hereges em relação ao judaísmo: "Este versículo é uma resposta aos cristãos hereges que dizem que o consolo futuro já foi concretizado. *Sodoma permanece arruinada e prossegue instável.*"

CAPÍTULO 8 Jesus e Cristo

Será que Jesus se considerava o Cristo, quer dizer, "o ungido", ou o Messias davídico? A resposta a essa pergunta deixa qualquer pessoa aturdida, a menos que o Evangelho de João seja considerado superior aos Evangelhos Sinóticos. João está sempre afirmando esse ponto, mas cabe desconfiar de suas asserções, em parte em virtude da cantilena antijudaica, o que talvez ateste a expulsão que a comunidade judaica impõe ao grupo ao qual ele pertencia. Nos Sinóticos, Jesus é evasivo, ou misterioso, no que concerne à sua identidade, conforme seria de esperar, de um lado, por causa dos riscos que o cercavam, de outro, nitidamente, devido a uma ambivalência considerável quanto à sua autoconsciência. Não há motivos para duvidar que Jesus e os seguidores soubessem da sua descendência de Davi, e a execução de João Batista foi uma sombra, ao menos porque ele e Jesus eram parentes (segundo alguns relatos), a despeito do papel de mentor desempenhado pelo Batista.

Mas que nome Jesus daria a si mesmo, além do emprego ambíguo de "Filho de Deus" e "Filho do Homem", ambos metafóricos? Como paródia irônica do papel de emissário divino desempenhado por Jesus, Hamlet se considera o embaixador da morte junto a nós, algo mais que profeta, mas que não vem a ser rei messiânico. Jesus, ao contrário de Maomé, não se considerava o "Selo dos Profetas", e preferia adiar qualquer definição precisa da sua vocação, conquanto sempre expressasse a certeza de que Javé o tivesse chamado. Não é evidente que ele preveja catástrofe, embora os estudiosos se inclinem a essa visão.

Quando Jesus se diz filho de Deus, não parece sugerir um sentido literal. Provavelmente, considerava José do Egito e Davi, ambos favoritos de Javé, "Filhos de Deus". Toda Israel, na qualidade de nação dos filhos de Abraão, era composta de filhos e filhas de Deus, conforme Jesus, certamente, os chamava (apesar da insistência do Evangelho de João em afirmar que Jesus chamava os compatriotas judeus de filhos do diabo). Em Marcos, Jesus proclama Deus como seu pai apenas três vezes, contra 31 vezes em Mateus, e muito mais de cem em João. E não existe consenso a respeito do que, precisamente, Jesus queria dizer quando se referia a si mesmo como "Filho do Homem". Tudo leva a crer que estivesse recorrendo à ênfase aramaica, em que "Filho do Homem" ressaltava a precariedade dos homens mortais, sentido que a expressão parece ter em Daniel 7, 13. Há poucas bases nos Sinóticos para o cristianismo desenfreado de João e da tradição teológica que o seguiu. Parabolista elíptico e irônico, Jesus, possivelmente, seria um enigma até para si mesmo.

A ironia principal, para quem não é cristão, é que o Jesus vivo dos Sinóticos *não* acredita ser a Encarnação de Javé, muito menos no momento da morte, quando, desesperado, pergunta ao seu *abba* por que foi por ele abandonado. A morte e os relatos da ressurreição tornam Jesus um Nome Divino, desde antes de São Paulo, e, forçosamente, a transição de Yeshuá de Nazaré para Jesus Cristo foi efetuada pelas primeiras pessoas que aceitaram a conversão oferecida pelo apóstolo Paulo. Os estudiosos cristãos que *mais* me convencem — padre John Meier e E. P. Sanders — não são ironistas e diferem quanto à receptividade diante do sobrenatural, aceito por Meier com base na fé católica, mas bastante evitado por Sanders, cujo Jesus permanece firmemente judeu, embora seja um carismático dotado de tamanha autonomia que é capaz de se constituir como autoridade em si mesmo, transcendendo a Tanak. Sanders nos apresenta um Jesus que tinha uma relação direta com Javé — talvez não singular, de vez que os profetas, inclusive João Batista, possuíam o mesmo atributo.

O Novo Testamento se fundamenta na violência sagrada da Crucificação e do suposto desenlace, em que morte em conseqüência de tortura se transforma em ressurgimento dentre os mortos. Trata-se de um padrão bastante diverso da turbulência misteriosa observada em Javé, que estabelece Alianças com sua gente, mas que tem liberdade total para delas se evadir, e que adverte Moisés, no Sinai, que os anciãos privilegiados por participar com ele de um repasto não devem se aproximar demais. Realisticamente, Javé mostra-se ciente do seu temperamento ao estilo Rei Lear, propenso a súbitos acessos de fúria. A falha trágica de Lear é exigir amor demais, característica silenciosa que Shakespeare, com astúcia, toma emprestada ao Javé da Bíblia hebraica. Há várias versões de Jesus Cristo no Novo Testamento grego, mas até mesmo o Jesus de Marcos, o mais javista que consta dos Evangelhos, não demonstra propensão a fugir de promessas.

O ponto central da jornada de Jesus de Nazaré até Jesus Cristo é um conjunto de fatores que podemos chamar de Encarnação → Messias Crucificado → Perdão, o que não é judaico, mas que, claramente, resulta de reações ocorridas no sectarismo do Segundo Templo. A partir de meados do primeiro século da Era Comum — digamos, duas décadas antes da destruição do Templo, em 70, pelos romanos —, idéias de Encarnação e Perdão começam a ser desenvolvidas por vários seguidores anônimos de Jesus, talvez mais na Síria do que na terra de Israel, uma vez que Tiago, o Justo, e seus seguidores egressos de Jerusalém e da Galiléia eram, basicamente, judeu-cristãos e não cristão-judeus. Saulo de Tarso, supostamente, tornou-se Paulo, o Apóstolo, em Damasco ou Antioquia, e passou, em algum momento, a direcionar sua missão aos gentios, firmando um acordo incômodo com Tiago, irmão de Jesus, que não tinha interesse em convertê-los. A Encarnação, nitidamente, *não é* crença paulina: um Javé que comete suicídio não faz sentido para Paulo, que tinha sido o fariseu dos fariseus. Todavia, sendo as epístolas de Paulo os textos cristãos mais antigos dentre os que sobreviveram, faz tempo que todo o esquema Encarnação-Perdão vem sendo, erroneamente, atribuído a ele.

Akenson, na obra *Surpassing Wonder* (Maravilha inigualável), associa os componentes do processo Encarnação-Perdão a uma mescla de fontes que datam da época do Segundo Templo. A Tanak desconhece o "Filho de Deus", mas algo similar paira no "Apocalipse Aramaico" de Qumrã (caverna quatro). O Filho do Homem, profundamente transformado a partir do Livro de Daniel, impregna o Livro de Enoque, e o chocante 4 Macabeus traz exemplos de redenção nacional efetuada por meio de martírios voluntários.

Nada disso é canonicamente bíblico, e tudo isso é estranho àquilo que se tornaria judaísmo rabínico normativo. Os Sábios Hebreus se indignavam diante da exuberância de certos desdobramentos tardios da doutrina cristã, à medida que quatro deuses surgiam do panteão: Jesus Cristo, Deus Pai, a totalmente original Virgem Santa e Mãe e o não-judaico Espírito Santo, que pouco tem a ver com o espírito de Javé que se deslocava, com grande criatividade, sobre as águas.

O tema principal deste livro não é a jornada de Jesus até Cristo, mas a espantosa justaposição de dois nomes divinos bastante diferentes, Jesus Cristo e Javé. Contudo, o hiato entre essas duas versões não pode ser apreendido sem algum entendimento do abismo profundo existente entre o Yeshuá histórico e o Deus teológico, Jesus Cristo. É possível que, se tivesse sobrevivido à Crucificação e vivido até a terceira idade, Yeshuá de Nazaré ficasse pasmo diante do cristianismo.

Essa observação nada tem de original, e há de ser inaceitável para milhões de norte-americanos, por mais multiformes e confusas que as visões de Jesus tenham se tornado. Um número surpreendente dessas pessoas acha que já vive no Reino de Jesus, embora Jesus não tenha sugerido que ele próprio fosse o Reino; conforme o meu entendimento, Jesus se referia ao reino de Javé, aqui e agora, e não no outro mundo, ou no futuro distante.

Que significava "Reino" para Jesus? E. P. Sanders é quem escreve com mais clareza sobre o assunto, no livro *Jesus and Judaism* (Jesus e judaísmo, 1985):

A natureza do material que está por trás dos ditos não nos permite certezas sobre o sentido exato que Jesus pretendia conferir a um conceito tão amplo quanto o de "reino de Deus". Podemos perceber que, nos Sinóticos, "reino" apresenta uma gama de significados, mas não conseguimos saber o grau de ênfase a ser atribuído a cada significado. Jamais temos certeza absoluta quanto à autenticidade, e raramente, ou nunca, dispomos de dados sobre o contexto original das falas. Os fatos nos levam à convicção de que Jesus buscava um reino futuro. Mas, até certo ponto, as conclusões acerca de sentido e ênfase dependem da análise da linguagem, e, uma vez que tal análise será sempre tentativa, determinadas noções relativas à visão que Jesus tem do reino jamais poderão ser conhecidas com certeza.

Sanders nos diz que não temos como saber, ao certo, o que Jesus esperava. É plausível supor que Jesus tampouco soubesse? Jesus não cometeu o que, para ele, seria absoluta blasfêmia: a usurpação do reino de Javé, conceito que os teólogos cristãos ainda não lograram esclarecer. Outros realizaram tal usurpação, em nome dele, e, sem dúvida, continuarão a fazê-lo. Não encontro, por parte de Jesus, qualquer transgressão à Torá, especialmente em relação ao divórcio, diante do qual ele demonstrava uma espécie de pavor. Se a atitude refletia alguma situação familiar, novamente, não temos como saber. Sanders inocenta Jesus de blasfêmia, ao observar que falar *por* Deus, em absoluto, não era proibido. Profetas se equivocavam, mas as interpretações errôneas eram postas de lado, sem violência.

É certo que os seguidores imediatos de Jesus esperavam que o advento do reino ocorresse enquanto ainda estivessem vivos. Paulo, apóstolo tardio, deve ter feito a derradeira caminhada, rumo à execução, em Roma, ainda convencido de que Jesus retornaria a qualquer momento, expectativa que continua a vigorar em alguns cristãos, a cada geração, mesmo que muitos, no íntimo, pensem: "Que ele venha, mas não enquanto eu viver."

A Guerra Santa não foi inventada pelos que firmaram a Aliança com Javé. É algo universal, que acontece em todos os tempos e lugares, e, indubitavelmente, representa o que Freud, em *Além do Princípio do Prazer*, decide chamar impulso de morte. Proponho que Javé se aproxime do Princípio de Realidade, segundo Freud, de modo que adorá-lo vem a ser uma espécie de prova de realidade. Oscar Wilde dizia que a vida é por demais importante para ser levada a sério. Por vezes, isso sugere a ironia da Autora "J", capaz de insinuar que Javé é por demais importante para ser levado a sério. Javé tem um perigoso senso de humor. Talvez o mesmo possa ser dito do Jesus de Marcos, mas não do Senhor Jesus Cristo.

Critérios estéticos determinam a preferência pelo Javé de "J", diante de outras versões de Deus presentes na Tanak, e pelo Jesus de Marcos, diante das versões que constam dos demais Evangelhos. A brusquidão, em "J" e Marcos, foi transmitida, por meio de William Tyndale, a Shakespeare, perito na arte da surpresa. O esplendor literário de Javé e Jesus é, para mim, tópico secundário. Mas a força dessas figuras emana da caracterização que consta da narrativa e das justaposições dramáticas.

CAPÍTULO 9   A Trindade

O dogma da Trindade sempre constituiu a linha crucial de defesa da Igreja contra a imputação judaica e islâmica de que o cristianismo não é religião monoteísta. Pretendo aqui expor o mistério da Trindade, o melhor que possa fazê-lo, ao mesmo tempo que, de um lado, deixo clara a minha admiração pelo brilhantismo criativo e cognitivo do conceito e, do outro, afirmo a minha perplexidade diante do atrevimento e do escândalo inerentes a esse mesmo dogma. Um mistério, obviamente, requer fé, e, portanto, só pode ser racionalizado, com grande habilidade, por São Tomás de Aquino, a menos que seja irradiado pelo misticismo, no estilo do Pseudo-Dionísio, o suposto Areopagita (veja Atos 17, 34), que inventou um Deus tão transcendental que deixa o simples Javé muito aquém do patamar de um nome místico situado acima de nomes e seres — na verdade, muito acima da Trindade. Misticismo, especialmente um misticismo de modalidade tão sublime, não integra o assunto deste livro, mas é aqui referido para delimitar meu argumento. De modo particular, a teologia negativa de Dionísio, ao insistir que a linguagem não é capaz de oferecer um relato coerente do divino, inspirou a Igreja Ortodoxa Oriental, cujos dogmas vão além dos observados no catolicismo ocidental e no subseqüente protestantismo. Volto-me, portanto, para o dogma ocidental da Trindade, procurando revelá-lo como estrutura de angústia que foi, é e sempre será.

Yeshuá de Nazaré, que descendia de Davi, tinha por hábito dirigir-se a Javé como pai (*abba*), mas não chegou nem perto de reduzir Javé à condição de "Pai Nosso que estais no céu". Essa redução é cristã, e Yeshuá, conforme sempre devemos reconhecer, não era cristão; era um judeu do Segundo Templo, fiel à sua própria interpretação da Lei de Javé. Acima de tudo, Yeshuá não era trinitário, afirmação, simultaneamente, óbvia e arrasadora quanto às implicações. Fundamentalistas norte-americanos aguardam, ansiosamente, o momento em que Jesus Cristo os arrebatará em Êxtase, reunindo-os na imortalidade celestial. Tal expectativa talvez seja central à religião norte-americana, e talvez seja a mais popular das poesias do nosso tempo, mas, embora sublime, não pode ser considerada javista.

O dogma da Trindade admite como certo que Javé já foi reduzido à Primeira Pessoa, Deus Pai. Nem mesmo um estudioso tão profundo quanto Jaroslav Pelikan, ou seu precursor Adolph Harnack, realiza qualquer tentativa de explicar a substituição de Javé, sempre assustador e implacável, pela figura de Deus Pai. O poeta-profeta inglês do período romântico, William Blake, ainda hoje erroneamente chamado de místico, percebe a questão com clareza definitiva, quando, ironicamente, renomeia Javé: "Nobodaddy", pai de ninguém.

Sem dúvida, não devemos indagar do dogma trinitário quem é, exatamente, a Primeira Pessoa, mesmo porque o objetivo misterioso e principal da Trindade é justificar a substituição do Pai pelo Filho, da Antiga Aliança pelo Testamento Tardio, do povo judeu pelos gentios. Jesus Cristo é um novo Deus, segundo o modelo greco-romano de Zeus-Júpiter, que usurpa o seu lugar ao pai, Cronos-Saturno. Ao estabelecer o cristianismo como religião da autoridade romana, o imperador Constantino, astutamente, reconheceu em Jesus Cristo a continuidade da tradição pagã. Javé, à semelhança de um velho Saturno, recolheu-se ao que restava do judaísmo, até poder retornar, na condição de Alá do islã.

Concluindo esse preâmbulo, passo a tratar da Trindade, essa proeza excepcional do mundo cristão, que assim afirma a sua inocência diante do exílio de Javé. O monoteísmo pode até não ser um avanço em relação ao politeísmo, mas o cristianismo jamais admitiria o recurso pragmático representado pelos três Deuses, em lugar de um. Onde e quando teve início o dogma da Trindade? No século IV da Era Comum, Atanásio, bispo de Alexandria, convenceu a maioria dos colegas que Jesus Cristo era Deus, argumento ao mesmo tempo inadequado e, curiosamente, sutil, pois Cristo também foi homem. Mas que tipo de homem? Era uma criatura ou não? Os judeu-cristãos, liderados por Tiago, irmão de Jesus, insistiam que sim, a exemplo de Ário, contemporâneo e opositor de Atanásio, mas o credo de Atanásio venceu o embate, e Jesus Cristo tornou-se mais Deus do que homem, na prática, se não na teoria.

A teologia é, necessariamente, um sistema de metáforas, e a doutrina representa a literalização desse sistema. Sou levado a crer que a melhor poesia, a despeito de intenções, é uma espécie de teologia, ao passo que teologia, de modo geral, é poesia medíocre. No entanto, teologia pode constituir o que Wallace Stevens denominou "poesia profunda dos pobres e dos mortos" e, nos Estados Unidos, faz dois séculos, a teologia é a poesia do povo. A Trindade é um grande poema, mas é difícil, sempre um desafio à interpretação. A sublime ambição da Trindade é reconverter o politeísmo ao monoteísmo, o que só é viável se o Espírito Santo for transformado em vácuo e a exuberante personalidade de Javé for ignorada. Se a Trindade é de fato monoteísta, então, o único Deus é Jesus Cristo, não Yeshuá de Nazaré, mas a sua hiperbólica expansão, por meio da qual surge o usurpador do amado *abba*.

O Yeshuá histórico, até onde for possível identificá-lo, exibia suas próprias angústias de contaminação, inclusive em relação ao precursor imediato, João Batista, bem como a outros predecessores, tais como Abraão, Moisés e Elias. Mas, aparentemente, não sofria angústia de influência em relação a Javé, ao contrário do metafórico Jesus Cristo, cuja identidade à parte exigia a subtração de toda a irascibilidade de Javé, que, afinal, era um fracasso enquanto pai. Oscar Wilde observou, com mordacidade: "Pais devem ser vistos, mas não ouvidos; eis o segredo da vida em família." Atanásio, embora não fosse muito sagaz, pode ser considerado ancestral do divino Oscar, que, conforme dizia Borges, estava sempre certo.

Tendo sido crítico de poesia durante toda a vida, admiro o poema que é a Trindade, sem, no entanto, amá-lo. Se a Trindade é mito, será também sonho de amor? Deus Pai, mera sombra de Javé, tem por função principal amar o Filho, Jesus Cristo, e amar o mundo, com tamanha intensidade que sacrificou Jesus para salvá-lo. Javé interveio para salvar Isaac das mãos de Abraão, literalista exagerado, o mais obediente dos Aliados, mas não se fez disponível para salvar Jesus de

Deus Pai. A metáfora corre livremente na Trindade e, com certo escrúpulo, entro agora em seus labirintos, de início, citando o credo atanasiano, conforme fixado em Nicéia, no ano 325:

> Cremos em um só Deus, Pai Todo-poderoso [*pantokratora*], criador [*poiētēn*] de todas as coisas visíveis e invisíveis;
>
> Cremos em um só Senhor, Jesus Cristo, Filho de Deus, nascido do Pai, apenas gerado, ou seja, da essência [realidade] do Pai, [*ek tēs ousias tou patros*], Deus de Deus, Luz da Luz, Deus verdadeiro de Deus verdadeiro, gerado não criado [*poiēthenta*], da mesma essência [realidade] do Pai [*homoousion tō patri*], por ele todas as coisas foram feitas, tanto na Terra quanto no céu; que, para nós, homens, e para nossa salvação, desceu e encarnou, tornando-se humano [*enanthrōpē santa*]. Sofreu e, no terceiro dia, ressuscitou e subiu aos céus. E de novo há de vir para julgar os vivos e os mortos.
>
> E [cremos] no Espírito Santo.
>
> Mas os que dizem, visto que ele não existiu desde sempre, ou não existiu antes de sua geração, ou foi criado a partir do nada, ou que afirmam que ele, o Filho de Deus, tem *hypostasis* [existência] diferente, ou *ousia* [essência], ou que é uma criatura, inconstante, mutável, serão excomungados pela Igreja Católica e Apostólica.

O alvo aqui é o herege Ário, segundo o qual Jesus Cristo foi criado por Deus em determinado momento e, portanto, era mutável. Contra Ário, esse credo nos oferece uma retórica hoje familiar, embora um tanto trôpega, quando fala em "da mesma essência do Pai". Não há nada bíblico nessa formulação, nada javista; porém, sem ela, Jesus seria mera figura de transição, em vez de ser o derradeiro Verbo.

Uma metáfora pode ser retoricamente persuasiva e, mesmo assim, bastante desesperadora, e *homoousion* aqui é uma extravagância ainda não banalizada pela repetição. Mas Jesus e Javé não são feitos "da mesma matéria", sentido principal da palavra grega *homoousios*, adjetivo composto, provavelmente, tomado dos hereges gnósticos pelos antigos teólogos cristãos. G. L. Prestige, em livro bastante útil, *God in Patristic Thought* (Deus no pensamento patrístico, 1936), compara, de modo fascinante, a afirmação gnóstica de que Adão, ou homem-deus, assemelha-se à imagem de Deus, mas não era feito da mesma matéria, a exemplo da estátua de mármore que representava o primeiro-ministro Gladstone, no National Liberal Club:

> É feita de matéria diversa na qual consiste o Sr. Gladstone: é a imagem do Sr. Gladstone, mas não tem com ele *homoousios*.

Ocorre, porém, que a noção de *homoousion* atormenta todos os pensadores patrísticos (se assim for possível chamá-los), e deve continuar a nos perturbar, especialmente os católicos, embora não os unitaristas, muçulmanos e judeus que ainda crêem na Aliança, pois nenhum desses acredita na Trindade. Os trinitários ainda não haviam esclarecido o dilema central da metáfora, visto que o Credo do Concílio de Nicéia não resolve a controvérsia da fusão entre Pai e Filho. A metáfora prosseguia sendo metáfora. Atanásio, entretanto, insistia que Jesus Cristo não era criatura, tampouco o Espírito Santo: a Trindade era uma identidade com substância, não apenas uma analogia. Mas, se Deus é um ser único, como pode ter também três identidades, cada qual com a sua própria descrição?

Santo Agostinho, sagazmente, valeu-se da analogia de que uma só consciência humana reúne a vontade, a memória e o entendimento, mas isso não resolve o nó anastasiano. Entre a cultura latina de Agostinho e a Trindade grega existe um hiato que não podia ser desfeito por uma guinada para o interior. Os gregos viam uma essência e três substâncias, ao passo que os latinos proclamavam uma essência, ou *substância* e três pessoas. Para os latinos, a Trindade compreendia três sujeitos; para os gregos, três objetos — mas a diferença era, basicamente, lingüística e, na prática, nada marcante.

O triteísmo é tão sedutor para a imaginação quanto qualquer outro politeísmo, e gregos e latinos tinham culturas ancestrais repletas de deuses, deidades menores e oráculos. Javé e seus profetas não poderiam ser assimilados pelo mundo clássico sem que fossem transmutados em formas conhecidas dos gentios. Com isenção, sou capaz de apreciar a infinita capacidade criativa do trinitarismo, assim como as ironias equívocas da teologia de Platão inspiram a minha leitura do *Timeu*, que se aproxima muito mais de Atanásio do que do 1 Isaías. Como poderia ser diferente? A grande fórmula cômica de James Joyce era a seguinte: "gregojudeu" se torna "judeugrego". A despeito de todo o brilho bizantino magistralmente delineado por Jaroslav Pelikan (que hoje segue a Igreja Ortodoxa Oriental), o cristianismo permanece politeísta, desde o Evangelho de João até a contemporaneidade norte-americana.

Estava Goethe (que era agnóstico) certo ao admitir que, moralmente, somos monoteístas? Nossa Lei não é hebraica nem grega, mas, em última instância, romana, e o grande historiador, pelo qual continuamos aguardando, seria um Edward Gibbon norte-americano, capaz de prever o nosso inevitável declínio e a nossa queda. Gibbon atribuiu a ruína do Império Romano ao triunfo do cristianismo. A nossa decadência e derrocada talvez venham a ser provocadas pelo triunfalismo republicano, sem dúvida, baseado em um amálgama de fundamentalismo, pentecostalismo e de mórmons, sendo estes últimos os defensores de uma moralidade monoteísta enquanto, tacitamente, preservam o legado de Joseph Smith, quanto à pluralidade de deuses. O trinitarismo está morto, ou morrendo, na Europa (exceto na Irlanda), e definha nos Estados Unidos, onde até mesmo Deus Pai, que não é muito javista, paira à sombra do Jesus norte-americano.

Volto a enfocar os sutis Padres gregos, que aplainaram as contradições da Trindade, ou, ao menos, as camuflaram. O melhor estudo sobre o assunto, mais uma vez, é de Pelikan: *Christianity and Classical Culture* (Cristianismo e cultura clássica, 1993). Os heróis de Pelikan são os chamados capadócios, oriundos de uma região turca situada ao norte da Armênia Menor e ao sul de Ponto: Gregório de Nazianzeno, os irmãos Basílio de Cesaréia e Gregório de Nissa, e sua sábia irmã Macrina, todos decanos da teologia cristã helenizada. Esses indivíduos perceberam, com toda a razão, que o Concílio de Nicéia não tinha conseguido formular uma defesa convincente contra a acusação de que trinitarismo era politeísmo. Armados de um sofisticado platonismo cristão, eles se dispuseram, precisamente, a articular tal defesa. Está implícita em Pelikan a avaliação de que, nessa missão quixotesca, o grupo foi mais bem-sucedido do que Agostinho e Aquino (esta última asserção é minha, não de Pelikan).

Dom Quixote foi qualquer coisa menos um fracassado, mesmo que, finalmente, tenha aceito a derrota, e os capadócios de Pelikan tampouco fracassaram, porque sua arma secreta era a teologia negativa, à qual confesso afeição vitalícia, e da qual Pelikan é expositor incomparável. Essa esplêndida modalidade de negação lingüística insiste que toda linguagem relacionada ao divino, seja bíblico ou não, é irremediavelmente inadequada, pois o transcendental não pode ser apreendido em palavras. Hamlet, indisponível aos teólogos nagativistas, talvez os fizesse duvidar de seus próprios procedimentos, exceto que o mais articulado dos personagens shakespearianos alcança a transcendência somente para então abraçar o niilismo. O que era chamado de Verbo estava além da palavra, e a luz divina brilhava muito mais do que a luz natural. Basicamente, teologia negativa é uma técnica metafórica para se expor e desfazer a metáfora. Isso, para Hamlet, é prazer, mas para aqueles que buscam a Trindade trata-se de um teste árduo. Pai, Filho e Espírito Santo são metáforas extremas, ao passo que o Javé da Autora "J" era uma pessoa e uma personalidade, tanto quanto o Jesus de Marcos. O monoteísmo ocidental, proponho eu, conta com apenas duas dramatizações convincentes de Deus: Javé e Alá. Jesus Cristo é metáfora extraordinariamente mesclada, enquanto Deus Pai e o Espírito Santo são analogias tênues. O Jesus norte-americano é questão bem distinta, porque se encontra além da metáfora e inclui o mito nacional da Nova Gente, eleita para um futuro de felicidade onírica, uma felicidade composta pelo egoísmo emancipado e por uma solidão interior que se autodenomina liberdade verdadeira. Nossos profetas vitais, Emerson e Walt Whitman, foram pós-cristãos, tanto quanto a nação em que nasceram, uma vez que o Jesus norte-americano pode ser descrito sem que seja preciso recorrer à teologia.

Os capadócios de Pelikan trafegavam placidamente (talvez até demais) entre o politeísmo grego e o javismo rígido, admitindo, de bom grado, que todos os análogos do divino eram inadequados. Se a Trindade tinha natureza metafórica, isso não os perturbava, visto que a divindade cristã, por definição, era desapaixonada. Contudo, considero admirável a coreografia capadócia de negociações que salva a Trindade, ou ao menos a reconcilia com a cultura platônica. O platonismo cristão dispensa a ironia socrática, ao menos até o advento de Søren Kierkegaard, no século XIX, cuja ênfase começava no ponto em que os trinitários tinham parado. Como pode alguém *tornar-se* cristão, ele pergunta, em um reino que proclama a sua cota junto à cristandade? Se o cristianismo deve envolver parte do mistério do Jesus sofredor, será isso alcançável quando o novo fiel, simplesmente, junta-se à sociedade? A pergunta faria pouco sentido no século IV, oprimiria Kierkegaard, um milênio e meio mais tarde, e parece irrespondível nos Estados Unidos do século XXI.

Os estudiosos raramente concordam a respeito de como e por quem as controvérsias trinitárias foram resolvidas. Pelikan apóia os capadócios:

A congruência do Trinitarismo capadócio ("dogma central") com a apologética capadócia resumia-se na afirmação reiterada de que a doutrina ortodoxa da Trindade situava-se "entre duas concepções" de helenismo e judaísmo, "ao invalidar os dois modos de pensar, ao mesmo tempo que aceitava componentes úteis de ambos". Gregório de Nissa apresentava a questão bravamente: "O dogma judaico é destruído pela aceitação do *Logos* e pela crença no Espírito, enquanto o equívoco politeísta da escola grega é suprimido através da unidade da natureza [divina] anulando essa idéia de pluralidade." Em suma, portanto, "quanto à concepção judaica, que prevaleça a unidade da natureza [divina]; e quanto à helênica, apenas a distinção relativa à *hypostases*, sendo assim aplicado o remédio contra a visão profana, conforme necessário, em cada um dos lados". Essa simetria apologética permitia-lhe declarar: "é como se o número Três fosse um remédio, a ser ministrado àqueles que se equivocam em relação ao Um, e a afirmação da unidade, àqueles cuja fé se encontra dispersa em diversas divindades". Aos hereges que afirmavam que o Filho de Deus era uma criatura, mas que, não obstante, adoravam-no como Deus, ele oferecia a alternativa de cometer idolatria, "adorando outrem que não fosse o Deus verdadeiro", ou cair no judaísmo, "negando a adoração de Cristo". Gregório resumia o mesmo ponto polêmico ao acusar essa visão herege de, simultaneamente, "defender os erros do judaísmo e, até certo ponto, participar do paganismo dos gregos", aceitando o que havia de pior em ambos, enquanto a ortodoxia aceitava o que havia de melhor em ambos.

Christianity and Classical Culture (1993, pp. 249-50)

Com o devido tato, pode-se observar que mais do que o "dogma judaico" é destruído pela Palavra e pelo Espírito Santo: onde situar a supremacia solitária de Javé nessa formulação ainda inteiramente grega? J. N. D. Kelly, no livro *Early Christian Doctrines* (Primeiras doutrinas cristãs; edição revista, 1978), registra que o Deus dos trinitários é, "essencialmente, racional". Lembrando-me do Javé sempre surpreendente que nos oferece a Autora "J", fico, a princípio, um pouco espantado, mas também mais confiante, quando Kelly recorre a Agostinho em busca de uma percepção mais cautelosa dos limites da capacidade humana de compreender os mistérios da Trindade:

> Enquanto se detém nessas analogias e explora a sua significância ilustrativa, Agostinho não se ilude quanto às grandes limitações dessas mesmas analogias. Em primeiro lugar, a imagem de Deus na mente do homem é, em todo caso, remota e imperfeita: "uma semelhança, de fato, mas uma imagem bem distante [...]. A imagem é uma coisa no Filho, outra no espelho". Em segundo lugar, enquanto a natureza racional do homem exibe as trindades supramencionadas, estas não são, absolutamente, idênticas ao ser humano, da maneira como a Trindade divina constitui a essência da Divindade; as trindades representam faculdades ou atributos que o ser humano possui, ao passo que a natureza divina é simples e perfeita. Em terceiro lugar, o corolário: ainda que a memória, o discernimento e a vontade operem separadamente, as três Pessoas coexistem e suas ações são unas e indivisíveis. Para concluir, embora, na Divindade, os três integrantes da Trindade sejam Pessoas, não o são na mente do homem. "A imagem da Trindade é uma pessoa, mas a suprema Trindade, em si, são três pessoas" — o que constitui um paradoxo, quando se pensa que as Três são mais inseparáveis do que a Trindade na mente. Essa discrepância entre a imagem e a Trin-

dade em si nos faz lembrar, conforme nos disse o Apóstolo, que aqui na Terra contemplamos "um espelho obscurecido"; mais tarde, contemplaremos "face a face".

Early Christian Doctrines (pp. 278-79)

Se os três membros da Divindade são, de fato, pessoas, *não* o são em nossas simplórias mentes humanas. A imagem e a Trindade, em si, não podem ser reconciliadas, porque ora contemplamos um dito obscuro, um dos enigmas que Paulo não pôde resolver. Agostinho deve ser o autor mais tendencioso do mundo ocidental antes de Sigmund Freud, mas aqui o grande bispo de Hipona abstém-se de explicar e nos diz para pegar ou largar, embora "largar" seja para nós arriscado. É fácil perceber por que motivo Pelikan prefere os Padres orientais a Agostinho e Aquino (que surge depois), mas a questão do politeísmo grego em contraste ao monoteísmo javista e islâmico ainda não foi bem resolvida. Atuando como mediador entre Pelikan e Kelly, volto a G. L. Prestige, em 1936. O herói trinitário de Prestige é o Pseudo-Cirilo, teólogo inteiramente desconhecido que viveu no século VI, o inventor da metáfora da "coexistência", ou "a forma de um Deus em três Pessoas, e não três Pessoas em uma Divindade". O triteísmo pôde assim ser evitado, mas por meio de uma doutrina tão intricada e sutil que comporta alguma exasperação. Será que uma Trindade indivisível continua a ser uma entidade tripla? Prestige acredita que sim, mas até que ponto é possível chegar, no processo de literalização de uma metáfora? Cito o elogio que Prestige faz ao Pseudo-Cirilo, em virtude do meu desejo de ser justo, mas me pergunto o que Javé pensaria dessas convulsões gregas. A teologia, afinal, foi inventada pelo judeu-platonista Filo de Alexandria, a fim de explicar a personalidade humana de Javé. Eis Prestige, discorrendo sobre esse herói desconhecido:

> Entretanto, uma vez descoberta, há que se dar o devido crédito ao nosso autor desconhecido, que percebeu a sua utilidade para as Pessoas da Trindade. Essa foi de fato a maior e mais sábia inovação do nosso autor. A interpretação talvez seja forçada, no que toca à natureza de Cristo, mas constitui uma descrição admirável da união das três Pessoas de Deus. E era preciso encontrar uma palavra assim, simples e expressiva, que pudesse cumprir o propósito. Conforme já enfatizado, tanto *ousia* quanto *hypostasis*, termos cruciais da doutrina da Trindade, são concretos. Segue que a doutrina, pelo bem da completude, deve ser capaz de ser definida a partir de cada um desses dois termos. Sob o aspecto de *ousia*, única e concreta, expressa, objetivamente, em três formas, o ser Divino é claramente afirmado, e o monoteísmo é resguardado na doutrina da identidade da *ousia*. Mas, inicialmente, em virtude dos acidentes da controvérsia e, mais tarde, das tendências abstratas do século VI, o aspecto sob o qual Deus passou a ser visto era o de três objetos em uma única *ousia*. O termo mais elevado não é *hypostasis*, e passa a ser necessidade prática e eminente de formular uma definição que, a partir do termo mais elevado, consiga também exprimir a contento a verdade da existência monoteísta de Deus. Sem tal definição, a recorrência do triteísmo seria quase inevitável — não porque a verdade fosse desconhecida, ou não apreciada, mas porque, na ausência de uma fórmula adequada e ilustrativa, as mentes dos incautos tendem a se

desviar das verdades centrais, inventando heresias peri-métricas. E não quer dizer que os "incautos" sejam os mais obtusos. As mentes mais capazes podem ser as mais estreitas.

God in Patristic Thought (pp. 296-97)

A "descoberta" referida na primeira linha da citação mencionada é a "coexistência", e Prestige elogia Pseudo-Cirilo por ter inventado uma metáfora mais adequada do que qualquer outra criada por outro trinitário. No entanto, embora o triteísmo seja mantido a distância, o dispêndio com o espírito se dá à custa da humanidade de Cristo. Tanto Yeshuá de Nazaré quanto Javé são irrelevantes para a Trindade, pois não eram apenas metafóricos, e tudo que é sobreposto à Trindade não passa de metáfora.

CAPÍTULO 10 # Não a Paz, mas a Espada, ou a Influência Divina

O título deste livro utiliza uma forma da palavra "divino" como adjetivo e como referência ao substantivo "divinação", uma vez que os nomes Javé e Jesus preservam a sua força mágica. Na realidade, os judeus que continuam a confiar na Aliança costumam evitar os dois nomes, embora por motivos bastante diversos.

Na minha idade (acabo de completar 74 anos), inicio indagando: qual é o gênero do meu livro? Tendo sido amante da grande literatura a vida inteira, faço crítica literária, mas com uma mescla do que chamo de "crítica religiosa", em que William James é meu modelo distante. Não sou crítico histórico de literatura nem de religião; estudante de Emerson, considero a crítica mais aliada à biografia do que aos mitos que denominamos "história". No entanto, as biografias tanto de Jesus quanto de Javé não podem ser redigidas. Jack Miles fez o melhor que pôde nos livros *God* e *Christ*, mas essa biografia dupla culmina no suicídio de Deus, e Javé não se presta a *esse* tipo de crise. Desaparecimento, auto-exílio, escapatórias astutas são inclinações javistas; o suicídio, porém, jamais.

"Jesus", no meu título, significa, principalmente, Jesus o Cristo, um Deus teológico. Javé, em sua primeira e definitiva carreira, não é, absolutamente, um Deus teológico, mas humano, muito humano, e se comporta de modo bastante desagradável. O cristianismo transforma Jesus de Nazaré, figura histórica sobre a qual dispomos de apenas alguns fatos, em uma multiplicidade politeísta que substitui o ameaçador e misterioso Javé por um Deus Pai muito diferente, cujo Filho é o Cristo, ou Messias ressuscitado. Ambas essas divindades são seguidas por um Paracleto (o que conforta) fantasmagórico conhecido como Espírito Santo, enquanto Míriam, mãe de Yeshuá ou Jesus histórico, permanece nas imediações, sob a designação de "Virgem Maria".

O Jesus norte-americano se mantém um tanto distante desse politeísmo pragmático, porque é o Deus primordial dos Estados Unidos, e subordina Deus Pai, em um contexto que insisto em chamar de "Religião Norte-americana". Esse Jesus tem um forte rival no Espírito Santo dos pentecostais, e talvez o nosso futuro constate uma divisão de poder entre essas entidades tão díspares. Tudo isso é importante porque o cristianismo declina na Europa (exceto na Irlanda), e aparece, principalmente, nas Américas, na Ásia e na África, nestes dois últimos continentes competindo com o islamismo, hoje em dia mais militante do que nunca, desde seu violento início.

Javé se apresenta como o protagonista da Tanak, que, absolutamente, *não é* idêntica ao Antigo Testamento, obra cativa, arrastada na marcha triunfal do Novo Testamento (grego) do cristianismo. Jesus Cristo é o protagonista do Novo Testamento (ou Testamento Tardio), que revoga a Aliança entre Javé e Israel. Políticos e figuras religiosas (ainda serão personagens estanques?) falam de tradição judaico-cristã, mas isso é um mito social. Faria quase o mesmo sentido se falassem de uma tradição islâmico-cristã. Há três monoteísmos rivais, como costumam ser chamados, mas os judeus contam atualmente com uma população tão reduzida, comparada aos cristãos e muçulmanos, que esta poderia quase desaparecer em duas gerações, ou três, no máximo. O presente livro, por conseguinte, não expressa um favorecimento polêmico de Javé em relação ao usurpador. Talvez seja, em certa medida, uma elegia a Javé. Se é que tenha desaparecido, Javé deve ser distinguido, claramente, de Jesus o Cristo e até mesmo de Alá, que, em determinados aspectos, está mais perto do Deus de Abraão e Isaac, Jacó e Ismael e Jesus de Nazaré do que as divindades cristãs. Estou ciente de que essas verdades não serão bem-vindas, mas qual verdade é bem-vinda?

A busca do Javé histórico (tão humano que, às vezes, comporta-se como uma pessoa) é tão infrutífera quanto a busca infinda do Jesus humano ou histórico. Invariavelmente, aquele que busca acaba por encontrar a si mesmo, pois, para todos os efeitos, a identidade do indivíduo está profundamente envolvida no processo mesmo da busca. Como poderia deixar de ser assim? Tendo passado a vida inteira ao lado de estudiosos de grande e pequena monta, constato, dia após dia, que a "objetividade" é rasa e a "subjetividade" pode ser profunda, fatores que marcam a verdadeira diferença entre uns e outros. Onde, então, estarei eu, no que compete a este livro?

Na condição de crítico literário cuja busca, nos últimos quarenta anos, tem visado aos segredos da dinâmica do processo de influência, sinto-me capacitado a examinar o exemplo mais importante de tal processo, a angústia da influência do Novo Testamento grego em relação à Bíblia hebraica, a Tanak. Assim como a Bíblia cristã, sem falar da inclusão do Novo Testamento, não é, absolutamente, idêntica à Bíblia da Aliança entre Javé e Israel, não existe uma única Bíblia cristã: católicos, ortodoxos e protestantes diferem em suas inclusões e exclusões. Conforme já observei, todos alteram, significativamente, a seqüência da Bíblia hebraica, de modo que a Bíblia cristã é concluída com Malaquias, o último dos profetas menores, cujo nome quer dizer, simplesmente, "mensageiro", e que assim serve de transição a João Batista, que surge no princípio do Novo Testamento canônico. A Tanak é concluída com 2 Crônicas e com uma convocação final para a reconstrução de Jerusalém e a restauração do Templo de Javé.

Ler o Novo Testamento ininterruptamente e na íntegra é experiência estética e espiritual bastante ambivalente, seja tal leitura realizada no original grego, seja na tradução inglesa mais expressiva (por William Tyndale) ou na versão oficial revista, a qual passo a citar (exceto quando indicado diferentemente). Lembro-me da insatisfação que senti diante da crítica literária que Northrop Frye aplicou à Bíblia, nos livros *The Great Code* e *Words with Power* (respectivamente, O grande código e Palavras com poder), principalmente porque a Tanak continua cativa em Frye, sendo interpretada como profecia do Novo Testamento. Quando expressei a Frye tal observação, ele respondeu, bruscamente, que a literatura anglo-americana fundamentava-se nessa profecia. Mas Frye estava enganado: de Shakespeare a Faulkner, a Bíblia hebraica não está subordinada ao Novo Testamento. John Milton, que, tanto quanto William Blake e Emily Dickinson, constituía uma seita radical protestante composta por um único fiel, na perspectiva de

Frye, seria considerado um judaizante da Bíblia. *Paraíso Perdido* leva e retira Jesus da Cruz com uma pressa excessiva, em seis palavras divididas ao meio por um *enjambment*: "[...] então ele morre,/ Mas logo revive. [...]" Discípulo de Frye na juventude (rompemos intelectualmente, mas não emocionalmente, quando da minha formulação da angústia da influência), surpreendi-me ao encontrar nos *Cadernos* de Frye, publicados postumamente, a seguinte reação do crítico aos Evangelhos:

> Considero a maior parte dos Evangelhos leitura sumamente desagradável. As parábolas misteriosas, com ameaças ocultas, a ênfase depositada por Cristo em si mesmo, em sua singularidade, em uma atitude que pode ser caracterizada como "ou eu, ou então...", a demonstração de milagres como façanhas irrefutáveis e a desilusão prevalente quanto ao fim do mundo — são questões a serem explicadas pela perspicácia intelectual, e o fato de que elas existem sempre me parece fazer parte do delicado tecido da racionalização. A Igreja cristã, com todas as suas manias, começava a se formar quando os Evangelhos foram escritos, e é possível ver a atuação da Igreja, abrindo caminhos e viabilizando o seqüestro do cristianismo por uma sociedade deformada e neurótica. Pergunto-me por quanto tempo, e até onde, é possível se esquivar ou resistir à sugestão de que a estruturação editorial das Escrituras é, fundamentalmente, um processo desonesto.

Muitos leitores do Evangelho — provavelmente, a maioria — discordariam de Frye. Visto que não tenho qualquer investimento pessoal nas Escrituras, não concordo nem discordo. Talvez à exceção da obra de Santo Agostinho, jamais li algo tão tendencioso quanto os Evangelhos, que mantêm um propósito fixo em relação ao leitor e, na condição de propaganda eclesiástica, é possível que pouco tenham a ver com o histórico Yeshuá de Nazaré. Jamais saberemos. Os Evangelhos nos apresentam um Jesus tão mitológico quanto Átis, Adônis, Osíris ou qualquer outra divindade que morre e renasce. Um Messias que é Deus Encarnado e que morre na Cruz pelo Perdão de todo pecado humano é irreconciliável com a Bíblia hebraica.

Somente através de uma desleitura forte e criativa da Tanak foi possível reparar tamanha disparidade. O Novo Testamento permanece coeso devido à postura revisionista que adota diante da Bíblia hebraica. Um certo esplendor resulta desse revisionismo, queiramos ou não. A força persuasiva dos Evangelhos e da totalidade da estrutura do Novo Testamento atesta a potência da proeza criativa, pontilhada de inconsistências, porém, mais do que capaz de resistir às autocontradições, inclusive quanto a um Jesus cuja missão pretende beneficiar apenas os judeus, e quanto a discípulos que só se dirigem aos gentios. Qual seria a reação de Yeshuá de Nazaré diante da exclamação de Martinho Lutero: "Morte à Lei!", a qual para muitos luteranos alemães que serviam a Hitler se tornou: "Morte aos judeus!" Os alemães não teriam crucificado Jesus: teriam-no exterminado em Auschwitz, versão germana do Templo. Tanto quanto Hillel, Jesus afirmou a Torá, os ensinamentos e a Aliança de Javé.

O livro de Jon D. Levenson, intitulado *The Hebrew Bible, The Old Testament, and Historical Criticism* (A Bíblia hebraica, o Antigo Testamento e a crítica histórica, 1993), centra-se, com lucidez, em uma constatação diferenciada:

Dizer que a Bíblia hebraica demonstra completa integridade em relação ao Novo Testamento é lançar uma dúvida grave a respeito da unidade da Bíblia cristã. É como dizer que se podem ler os primeiros dez livros da *Eneida* como se os dois últimos não existissem, e isto, por sua vez, é dizer que os dois livros finais nada acrescentam de essencial: a história poderia, perfeitamente, terminar sem que Enéas matasse Turno. Agora, quanto aos cristãos, dizer que o Novo Testamento nada acrescenta à Bíblia hebraica é comparável aos marxistas dizerem que não fazem objeção a deixar os meios de produção a cargo dos capitalistas: a asserção trai a identidade anunciada por aquele que a pronuncia.

Os comunistas chineses prosseguem afirmando o marxismo, enquanto confiam no capitalismo para o incremento da prosperidade; todavia, considerando-se que detêm o poderio militar, a contradição, na prática, não faz sentido. Teólogos cristãos (felizmente) já não são aliados do poder estatal, mas a adesão de tais teólogos ao lema da "tradição judaico-cristã" carece de maiores esclarecimentos do que alguns deles estão dispostos a prestar. Se as duas tradições não fossem radicalmente diferentes, o que restasse do judaísmo, permanentemente atacado, já teria se dissipado. Os judeus permanecem obstinados, em parte a fim de não cederem à força e à fraude, em parte porque existe algo na intensidade espiritual de Javé que, de algum modo, se recusa a diminuir. Judeus, segundo a eloqüência de Tony Kushner, vertem das páginas de livros. Esses livros — a Tanak, os dois Talmudes da Babilônia e Jerusalém, e todos os demais comentários até o presente — possuem uma força cumulativa que desafia o tempo e suas aflições.

2

Robin Lane Fox, historiador devidamente cético, em seu livro *The Unauthorized Version* (Versão não autorizada, 1992), insiste que "podemos ter certeza" de que nenhum texto bíblico, na forma em que hoje deles dispomos, existia anteriormente ao século VIII antes da Era Comum, mas não creio nisso. E. A. Speiser, estudioso extraordinário, no seu Anchor Bible Genesis (Gênese da Editora Anchor Bible), estabelece o século X antes da Era Comum, a época de Davi e Salomão, como a data das camadas mais antigas de Gênesis, Êxodo e Números. A Javista, ou Autora "J", compôs os trechos primordiais magníficos, de algo que foi aglutinado em outros textos, por obra do autor-editor que, durante o exílio na Babilônia, organizou a seqüência que vai de Gênesis a Reis. Fox, com toda a razão, considera tal conteúdo ficcional, inverídico, mas história bíblica, raramente, constitui "verdade", no sentido restrito perseguido pelos historiadores profissionais, cuja retórica permite apenas um tipo de verdade bastante reduzida. Acreditemos ou não na Aliança, ou que Jesus foi o Cristo, ou acatemos ou não Alá, aceitando Maomé como o Selo dos Profetas, não parece proveitoso reduzir Javé a uma escolha entre verdade e ficção. Se Javé for ficção, trata-se da ficção mais perturbadora que o Ocidente já vislumbrou. Javé será, ao menos, a ficção suprema, o personagem literário (se assim pudermos chamá-lo) que se presta à meditação, ainda mais do que Jesus Cristo, ou do que as caracterizações shakespearianas mais abrangentes: Falstaff, Hamlet, Iago, Lear, Cleópatra. "J" é o Shakespeare de Javé, mas não é o inventor de Deus.

O início da carreira de Javé precede qualquer narrativa de que dispomos, o que instiga a imaginação. Quando reflito acerca de Javé, gostaria de saber de onde ele veio, bem como por que demorou tanto tempo para revelar seu nome. Ficamos conhecendo suas várias personalidades (sete, na minha conta), mas permanecemos atônitos diante de seu caráter. Porventura ele também ficasse atônito, antes de atribuir a si mesmo o nome de Javé. Afinal, ele havia sugado diversos outros deuses e divindades, e uma certa dispepsia é conseqüência certa.

Sabemos como ele parece, apesar de ele proibir os seus retratos. Parece conosco, ou melhor, nós parecemos com ele, pois fomos criados à sua imagem. A Cabala e seus antecedentes nos informam que ele é enorme, o King Kong cósmico das divindades. Jack Miles diz que Deus fala sozinho; eu acrescentaria que Javé nunca *ouve a si mesmo*, como quem ouve outra pessoa. Não é, portanto, um personagem shakespeariano e, sensatamente, Shakespeare o manteve fora do palco. Javé, que não é narcisista, pode parecer sê-lo. Ricardo II é narcisista; Hamlet não é. Por definição, Javé, ao contrário de Ricardo II, não pode ter compaixão de si mesmo. Tampouco tem compaixão de si mesmo Rei Lear (figura que se assemelha a Javé), cuja fúria chega à loucura. Javé, que tanto sofre por qualquer ingratidão, e é extremamente ciumento, chega à insanidade, durante os quarenta anos em que conduz os israelitas pelo deserto, na louca jornada do Egito até Canaã. Uma geração perece, mas seus filhos alcançam a Terra Prometida. O próprio Moisés, profeta de Javé, vislumbra a terra, mas nela não é admitido. Javé, que costuma criar muita encrenca, cria a maior delas quando elimina Moisés. Mas, cumpre lembrar, para Moisés, Javé é um desastre desde o princípio. Lamento insinuar que, de modo geral, Javé é um desastre para todos os seus heróis, mas essa é mesmo a longa história da Tanak, e da maior parte da experiência judaica através do tempo. Se duvidarmos da Encarnação (até São Paulo duvidou), então, o debate recentemente renovado por Mel Gibson acerca da culpa dos judeus, e não dos romanos, pode ser posto de lado. Javé tem culpa.

3

Quando Javé, muitos séculos depois, tornou-se o Deus da Reforma Protestante, pensou-se que ele dizia a cada protestante: "Seja como eu, mas não ouse parecer demasiadamente comigo." O Javé da Autora "J" não precisa fazer outras admoestações, exceto que devemos nos abster de comer o fruto da Árvore da Vida, que nos tornaria imortais. Theodore Hiebert, na obra *The Yahwist's Landscape* (A paisagem do Javista, 1996), observa, com sagacidade, que se trata de vida eterna na Terra, e não em algum reino do além. O Javé de "J" gosta de caminhar no frescor da tarde, no Jardim do Éden, e aprecia um repasto com Abraão. Jesus, que, quando pode, rende-se ao vinho e à boa mesa, nunca é tão semelhante a Javé quanto nesses banquetes. O "pense na Terra", de Nietzsche, é javista, uma vez que o Javé de "J" é fascinante em seu antropomorfismo, o que pode ser constatado quando ele mesmo fecha a porta da arca de Noé, ou enterra Moisés com suas próprias mãos. E o que é mais importante: Javé molda Adão a partir de *adamah*, a terra vermelha, úmida e fecunda. Homero mostra-nos a guerra entre deuses e homens; a Autora "J" vai além, retratando mulheres e homens teomórficos que caminham e falam com Javé. Sucintamente:

o Javé de "J" não é um Deus do céu, é um Deus que se reveza entre os campos cultivados e os cumes das montanhas.

Frank Cross destaca Javé como Deus dos rompantes, mas tais reações configuram tão-somente um canto de guerra que anuncia o guerreiro divino que subjuga o mar (o Faraó) e os inimigos terrenos de Israel. Embora passe por um amadurecimento consideravelmente matizado, Javé inicia de maneira ambivalente, como criador e destruidor, à semelhança do Vento do Oeste, em Shelley. Mas antes de esboçar suas aptidões de lutador, concedo a mim mesmo uma digressão, no intuito de descrever a qualidade mais surpreendente de Javé: sua estranheza.

Javé não é, primordialmente, um deus trapaceiro, e nem sempre se apraz em agir com perversidade, embora se permita gerar confusão entre os pretensos construtores da Torre de Babel. Mas ele cria todas as coisas, inclusive a categoria do inesperado. O gênio da Autora "J", que irrompe através do palimpsesto do trecho bíblico compreendido entre Gênesis e Reis, repele o confinamento. Não há limites para Javé, motivo pelo qual sua Bênção é mais bem definida como o dom da vida longa, em um tempo ilimitado. O céu na Terra é a sua promessa; o Reino *dele*, decididamente, é deste mundo. Hiebert registra que Javé não é nem onisciente nem onipresente; precisa deslocar-se, a fim de levar a termo, pessoalmente, suas investigações.

Apesar de imortal, Javé envelheceu, e talvez esteja idoso demais para se importar com o que ocorre. Não estou pensando na aparência de Javé como o Ancião dos Dias, do Livro de Daniel, que William Blake transformou, ironicamente, em Velha Ignorância, ou "Velho Nobodaddy* nas

---

* "Velho pai de ninguém". (N. do T.)

alturas". Na figura do Alá de Maomé, o que mais me impressiona é o fato de ele continuar, ferozmente, a se importar com o que se passa, motivo pelo qual o islã permanece militante. O Deus Pai do cristianismo também se importa, mas é uma miniaturização de Javé, e carece de personalidade. Esse declínio é necessário no panteão quádruplo que ele compartilha com Jesus Cristo, o Espírito Santo e a Santa Virgem Maria. O livro *The Muslim Jesus* (O Jesus muçulmano, 2001), conforme editado por Tarif Khalidi, é uma chave da diferença existente entre Alá e Deus Pai. O Alcorão coloca Jesus na posição singular de profeta que antecipa, diretamente, Maomé, mas esse é um Jesus inteiramente destituído de cristianismo e "purificado" da Encarnação, Crucificação, Perdão e Redenção. Resta apenas a Ascensão, para que Jesus seja destacado dos profetas anteriores, embora no pensamento *shií* e, mais tarde, no sufismo, as ascensões de Enoque e do neto de Maomé, Hussayn, estejam relacionadas a um Jesus gnóstico — o Cristo Anjo, conforme é, por vezes, denominado. Jesus não morre, mas ascende a Alá, e permanece com Alá, a fim de estar presente no Fim (aludido no Alcorão 43:61). Mas, é bom lembrar, o Alcorão (61:6) apresenta Jesus anunciando a vinda de Maomé, na condição de selo de todas as profecias. Alá se acalma depois que, veementemente, indaga de Jesus se ele e Maria são dois deuses além de Deus, e Jesus responde, placidamente, que jamais disse tal coisa (Alcorão 5:116).

Não há textos judaicos nos quais Javé solicite a Jesus semelhante explicação, mas tal pedido não seria previsível. Volto ao Javé anterior, combativo, cuja personalidade guerreira é mais vistosa no Livro de Josué (5, 13-15), em que o Redator mitiga o que é, nitidamente, uma epifania estonteante experimentada pelo próprio Javé, prestes a participar de uma batalha, em Jericó:

> Certa vez, estando perto de Jericó, Josué levantou os olhos e viu em pé diante de si um homem portando a espada desembainhada. Josué se aproximou dele e perguntou: "És um dos nossos ou dos inimigos?" Ele respondeu: "Eu sou chefe do exército do Senhor. Acabo de chegar!" Então Josué prostrou-se com o rosto por terra e perguntou: "O que diz o meu Senhor a seu servo?" O chefe do exército do Senhor respondeu a Josué: "Tire as sandálias dos pés, porque o lugar onde você está pisando é sagrado." E Josué assim o fez.

A Tanak é uma cavalgada de episódios memoráveis, mas guardo comigo, de modo permanente, essa manifestação de Javé como espadachim. O drama desse momento é hábil. Josué, comandante de Israel, não reconhece o soldado e pergunta, com bravura: "És um dos nossos ou dos inimigos?" Javé responde em sua própria pessoa, não apenas na condição de chefe angelical, dizendo: "Acabo de chegar!" E Josué, ao pedir ordens, ouve precisamente o que Moisés capta em Êxodo 3, 4-6: a advertência de que está na presença de Javé e está em solo sagrado, de pés descalços. Abruptamente, o Livro de Josué prossegue até o cerco a Jericó, e Javé determina a destruição das muralhas da cidade. Não vemos o Deus Pai cristão de espada em punho.

4

Embora a personalidade e o caráter de Javé não sejam o assunto explícito do livro, considero o estudo incisivo e compacto, intitulado *Sinai and Zion: An Entry into the Jewish Bible* (Sinai e Sião: uma entrada na Bíblia hebraica, 1985), de Jon D. Levenson, bastante útil para se meditar acerca de Javé. A antiga religião israelita é centrada no monte Sinai, onde a Torá foi entregue por Javé, e no monte Sião, onde Salomão construiu o Templo de Javé. Levenson salienta uma verdade: a diferença crucial entre o judaísmo talmúdico e a religião bíblica é que os rabinos enfocavam a Bíblia, após a destruição do Templo. Os dois montes, da Aliança e do Templo, aproximam Moisés e Davi, o profeta de Javé e o filho adotivo de Javé. A opção de Javé por locais elevados não é infundada, porque, na condição de guerreiro, ele desce dos montes para combater os inimigos. Seu Templo, conforme demonstra Levenson (seguindo Ezequiel, de modo particular), é espiritualmente idêntico ao luxuoso Jardim do Éden, onde ele se aprazia em caminhar na tarde fresca. Quando Adão e Eva são expulsos do Paraíso (para que não se tornem deuses), o Jardim continua a existir, guardado por um querubim. Por conseqüência, a destruição do Templo de Javé foi também a obliteração do Paraíso, que jamais voltaria a existir, a não ser que o Templo fosse reconstruído. Mas se a própria Bíblia substitui o Templo, então, o livro substitui também o Paraíso, noção que talvez explique por que Akiba insistia, com tamanha paixão, que o Cântico dos Cânticos, que é de Salomão, deveria ser canônico.

Incapacitado de caminhar no Éden ou de se regalar no Templo, Javé reside na Bíblia hebraica. Ali se sente tão confortável que pode prescindir do Terceiro Templo, a menos que atualmente (conforme a mim parece, embora não aos que ainda crêem na Aliança) ele tenha se exilado até mesmo do deleite daquelas páginas.

PARTE II | JAVÉ

CAPÍTULO 11 O Nome Divino:
Javé

As quatro letras YHWH formam o nome próprio de Deus na Bíblia hebraica, em que tal nome aparece cerca de seis mil vezes. Como o nome era pronunciado, jamais saberemos: Yahweh é apenas uma conjectura, porque a tradição oral guardou o nome sagrado. Elias J. Bickerman, no ensaio imensamente útil, "The Historical Foundations of Postbiblical Judaism" (As fundamentações históricas do judaísmo pós-bíblico, publicado em 1949), atualmente disponível na coletânea *Emerging Judaism* (Judaísmo emergente) organizada por Michael E. Stone e David Satran (1989), estabelece que depois que Alexandre, o Grande, conquista a Palestina, em 333 antes da Era Comum, o emprego do Nome Divino passa por mudanças. Após a volta da Babilônia, ocorrida no século V antes da Era Comum, o nome já era considerado mágico, e não podia ser pronunciado. Deus era chamado, então, de Elohim (ser ou seres divinos), ou Adonai (meu Senhor). A chegada dos gregos, que chamavam Deus de *Theos*, incentivou os judeus a se referir a ele como Kyrios, palavra grega que significa Adonai, ou Senhor.

Bickerman atribui à influência grega o surgimento de uma nova *intelligentsia*, composta de escribas laicos, funcionários públicos, administradores e consultores comerciais, para os quais Javé era um nome, ao mesmo tempo, arcaico e proscrito. À época de Hillel e Jesus, era possível viver uma vida inteira sem jamais ouvir o nome verdadeiro de Deus. E talvez fosse melhor assim, pois o significado do nome é tão obscuro quanto a pronúncia.

Javé deve ser um nome muito antigo; é empregado no grande Cântico de Guerra entoado por Débora (Juízes 5), que remonta ao século XI antes da Era Comum, e talvez seja o texto mais antigo em língua hebraica. Constam referências ao nome já no ano 1400 antes da Era Comum, na Síria. Não acredito no mito de que Moisés adquiriu o nome de Javé ao se casar com a filha de Jetro, o madianita (Êxodo 3, 1), porque a voz de Javé, proclamando em um jogo de palavras o nome verdadeiro (*ehyeh asher ehyeh* — "Eu sou aquele que sou", ou "Estarei presente onde e quando estiver presente"), reverbera com extraordinária autoridade em Êxodo 3, 14. Algo da aura que comovia os antigos israelitas é evocado quando Deus insiste em seu nome próprio, que é a base da Aliança com o Povo Eleito.

Todos nós, cedo ou tarde, refletimos a respeito do nosso próprio nome, às vezes, com constrangimento. Javé nunca se constrange ao afirmar seu nome verdadeiro, como se ele mesmo sentisse a força carismática e o caráter sugestivo daquela sílaba inicial "Já". Imaginemos como nos surpreenderíamos se alguém nos fosse apresentado como "Javé" Jones ou Shekhinah Smith. Outro dia, em Nova York, submeti-me a um bate-boca, por telefone, com dois floristas chamados Jesus e Mohamed, mal me dando conta dos nomes. O nome Javé surte um efeito bastante diferente, ao menos em mim.

Alá (variação de Elohim), desde a composição do Alcorão, parece ter perdido pouco, em termos da sobrenaturalidade do nome. Talvez o mais incisivo dos nomes sobrenaturais hoje em dia seja Satanás, que, afinal, é figura quase tão proeminente no Novo Testamento quanto Jesus.

CAPÍTULO 12 Só Javé

Ao contrário do discurso de Jesus, o de Javé não é, essencialmente, enigmático. A grande exceção é o *ehyeh asher ehyeh*, jogo de palavras que envolve autodenominação, ao qual retorno ao longo deste livro. Jesus, supostamente, compreendia melhor essa expressão terrível da vontade de Deus do que nós somos capazes de fazê-lo. Não duvido dos Evangelhos, quando estes nos mostram um Jesus que, quase sempre, se dirige a Javé como *abba*, palavra aramaica que significa "pai". Jesus anseia por Javé, e só Javé. Em termos platônicos, o amor de Jesus por Deus Pai é *eros* e não *agapē* (que se torna *caritas*, em latim, e a nossa "caridade"), porque *eros* é o desejo por alguém superior, enquanto *philia* é amor entre pares, e *agapē* é o amor de um ser superior por um inferior. Para quem aceita alguma variedade de cristianismo, entretanto, o amor de Jesus por Deus é *caritas* e não anseio. Atualmente, nos Estados Unidos, onde Jesus substitui Javé ou nele é aglutinado, facilmente, confundimos tais sentimentos. Seja o que for que se queira ver no afeto de Jesus pelo Discípulo Amado, freqüentemente identificado como o autor do Evangelho de João, ou por Maria Madalena, é mais sensato considerar essas ligações como caridade, e não *eros*.

Não creio ser possível compreender a personalidade de Jesus sem o entendimento prévio das qualidades pessoais de Javé. Teólogos, de Filo de Alexandria até a atualidade, têm tentado obscurecer a alusão freqüente de Javé na Bíblia hebraica como humano teomórfico. Felizmente, a teologia fracassa ao ser confrontada com o Javé da Autora "J", cujo descendente literário mais próximo é o Rei Lear shakespeariano, simultaneamente, pai, monarca e divindade irascível. W. H. Auden encontrou o Cristo de Shakespeare em Falstaff, descoberta instigante, porém errada. O enigmático Hamlet tem traços do Jesus de William Tyndale, mas Falstaff é irmão de sua contemporânea histórica, a Mulher de Bath, criação de Chaucer, outra pecadora ferrenha. Se Hamlet, na figura do espírito do pai, tivesse encontrado o fantasma do Rei Lear, a arte shakespeariana nos teria propiciado um acesso direto ao anseio de Jesus por Javé. Se Nazaré considerava Jesus ilegítimo, não temos como saber, mas acho simplista reduzir o amor de Jesus por Javé à busca de um pai ausente. Jesus era um rabino, o que ainda significa mestre, e ensinava a Torá, conquanto com desvios muito pessoais. Não veio abolir, mas cumprir a Lei, por mais que São Paulo, Martinho Lutero e muitos outros tenham se empenhado, ardentemente, em compreender mal esse que é o mais sutil dos mestres, cuja ironia transcende até mesmo a ironia do Sócrates de Platão. Sócrates não era platonista, e Jesus não era cristão. Ele não dizia quem era, e nenhum de nós — cristãos, muçulmanos, judeus ou secularistas — poderá saber aquilo que só Javé sabe.

2

Quem foi e quem é Javé? Ele está sempre a nos dizer; mas a Tanak, o Talmude, a Cabala, o Novo Testamento e o Alcorão somados jamais serão suficientes para abranger tudo o que nos é dito e, ao mesmo tempo, não dito. Minha extensa experiência lendo Shakespeare, e ensinando a ler a sua obra, leva-me a desconfiar de todas as abordagens críticas, pois o poeta e dramaturgo inglês nos *contém*. Owen Barfield observou que ficaríamos desalentados diante da constatação de que, amiúde, nossas supostas emoções teriam sido, primeiramente, pensamentos de Shakespeare. Historicizar Javé, a meu ver, é ainda mais inútil do que historicizar Shakespeare. Se a pessoa acredita ou não ter sido criada por Deus, é questão aqui secundária. Primária é a nossa necessidade constante de uma autoridade que sancione o anelo, não raro, desesperado do eu por um mecanismo de transcendência. Adam B. Seligman, no livro *Modernity's Wager* (A aposta da modernidade, 2000), articula, de modo correto, o impasse corrente da sociologia da religião: "um Deus que se pode compreender, um Deus que se pode conceituar, não é um Deus". Quando, em livros anteriores, chamei Shakespeare de "Deus mortal", minha intenção era confrontar um Hamlet inescrutável, que desafiasse todas as nossas conceituações. Isso ocorre de maneira ainda mais intensa com Jesus; todavia, ninguém está mais além da nossa apreensão do que Javé. Se o indivíduo o considera um "personagem literário" ou o Criador, pouco importa nessa luta para alcançar o inalcançável. Pouco me acrescenta a informação correta prestada pelos historiadores da religião, de que o deus original de Israel foi El, mais tarde identificado como Javé. Recomendo a obra admirável de Mark S. Smith — *The Early History of God* (A história antiga de Deus, 1990) — para estudiosos interessados nas relações de Javé com as diversas divindades antigas de Israel, mas a história é apenas um meio, e Javé está além de qualquer representação, exceto as mais contundentes encontradas na Tanak. Observemos o Deus de Milton, em *Paraíso Perdido*: não é apenas a grande falha, em um épico, afora isso, magnífico; é também absurdamente inadequado, se o contrastarmos com o Javé apresentado pela Autora "J", pelos Salmistas e pelos Profetas.

Aprendemos a desconsiderar referências a "rituais e cultos", relativamente a Javé. A própria expressão "culto a Javé" tem uma aura de ridículo. Dois outros termos que também me parecem opacos são "monoteísmo" e "antropomorfismo". Javé é pessoa e personalidade; as divindades de Canaã são bugigangas, enquanto Javé é Homem Divino (e mais que isso), e seus favoritos — Abraão, Jacó, Moisés e Davi — também são teomórficos. O descendente direto de Davi, Yeshuá de Nazaré, é menos teomórfico, e o é de maneira que transcende a sutil complexidade dos seus precursores.

A complexidade do próprio Javé é infinita, labiríntica e para sempre inexplicável, a despeito do extraordinário talento interpretativo demonstrado pelos Sábios do Talmude e da Cabala, bem como pelos mestres sufis que confrontaram o Alcorão, obra inteiramente "falada" por Javé, enquanto Alá, expressando a gama das reações de Deus diante das nossas falhas, na tentativa de *nos submetermos* à sua vontade. As surpreendentes alternâncias de Javé, revelando-se e se ocultando, podem nos levar à loucura, especialmente porque, seja na Torá ou no Alcorão, a fúria de Javé costuma ser súbita e arbitrária. Javé ordena a um Moisés recalcitrante que desça até o Egito, mas enquanto o profeta se encaminha para o local Javé tenta matá-lo, em um acampamento noturno no Neguev. E convém deter a disputa de culpa pela Crucificação: Javé sacrifica Jesus e, de fato, o abandona, ao menos neste mundo.

O gnosticismo, seja considerado religião ou mera tendência, foi levado (em conseqüência dessas características de Javé) a se tornar aquilo que Hans Jonas chamou de "êxtase do inaudito". Essa resposta contundente a uma força literária arrasadora constituiu uma rebelião contra a Tanak e Platão, e produziu o Jesus gnóstico celebrado por William Blake, o maior dos poetas-profetas ingleses depois de John Milton. William Butler Yeats, o mais eloqüente dos poetas anglo-irlandeses, trouxe o argumento de Blake ao século XX, ainda que não demonstrasse o amor que Blake demonstra pela figura de Jesus.

Não se pode dispensar Javé como um "Nobodaddy", tampouco será o "Deus carrasco", de que fala James Joyce. Ou seremos entidades transcendentais, ou apenas máquinas de entropia, e Javé, com toda a sua ambivalência, estabelece a diferença entre as duas possibilidades, ao menos tratando-se de culturas que derivam do hebraísmo e sua conseqüente helenização, inclusive as religiões rivais — judaísmo, cristianismo e islamismo — e sua subseqüente secularização relativa. Se Shakespeare nos contém (o que, de fato, ocorre), então, Javé contém Shakespeare, fosse o poeta-dramaturgo dissidente católico, protestante, hermético ou pioneiro do niilismo, um precursor misterioso de tudo o que estava por surgir.

Embora seja um ironista ferrenho, de modo especial nas perguntas retóricas que formula, Javé recorre ainda mais freqüentemente à hipérbole, figura do excesso ou da destruição. Jesus, que também é grande mestre da ironia, imita Javé no que diz respeito às exigências hiperbólicas do seu ensinamento, insistindo em uma perfeição impossível de ser alcançada por simples seres humanos. O excesso retórico de Jesus busca nos persuadir a abrir mão de uma moralidade mais simplória, em favor de opções éticas mais difíceis, de algo que pode ser chamado de consciência Sublime em relação a terceiros, em detrimento do nosso egoísmo mais que natural. De vez que, ao contrário do cristianismo, Jesus jamais afirmou ser o Messias, sua ética hiperbólica torna-se ainda mais desalentadora. Podem Javé e Jesus concordar sobre essa questão, visto que a Lei, a despeito da interpretação equivocada feita por São Paulo, não nos exige a perfeição? Os fariseus deixaram isso claro, e se Jesus, por vezes, discutia com eles e a eles se opunha, as discordâncias giravam, basicamente, em torno dos anseios incontidos de perfeição. Talvez por isso ele afirmasse que veio para cumprir a Lei, e não para revogá-la.

Jesus teve um precursor composto: Abraão, Moisés, Elias e João Batista, mas, em última instância, o discipulado foi definido pela imitação de Javé, só Javé. O Javé bíblico que habita uma Galiléia pedregosa é um ser mais severo do que o Javé que habita o Templo, na Jerusalém da época de Jesus. Já no tempo de Jesus, a obstinação de Javé aparece metamorfoseada em estranhas alternâncias de presença e ausência. Lá estava ele, o mais Santo dos Santos, no Templo de Jerusalém, ao mesmo tempo que permitia que os romanos ocupassem a terra do Povo Eleito e realizassem dezenas de milhares de crucificações de zelotes e outros judeus, mesmo antes da Rebelião ocorrida no ano 70 da Era Comum, ocasião em que o Templo foi destruído. Desconfio da psicobiografia como abordagem ao estudo de Jesus, mesmo quando o gênero de Erik Erikson é exercitado de maneira tão responsável como o faz John W. Miller, no livro de sua autoria, *Jesus at Thirty* (Jesus aos trinta anos, 1997). Faz-se necessária uma biografia mais abrangente e literária, por exemplo, o retrato perspicaz apresentado por Jack Miles. Mas a desleitura marcante que Jesus faz de Javé (do filho em relação ao pai), ao insistir na perfeição humana, é algo diferente de psico-história ou biografia literária. Se Cristo foi, segundo Jack Miles, "uma crise na vida de Deus", então, Jesus, ainda não ressuscitado, só poderia ser a sua própria crise interna. Mas, cabe lembrar, existe o Jesus gnóstico de Valentino de Alexandria, um Jesus sobre o qual os valentinianos afirmavam: "Primeiro, ressuscitou, e *depois* morreu." Essa proposição, tão brilhante quanto complexa, sugere que só despontamos para a verdadeira vida através de uma transformação mística que em muito precede a nossa morte. O conceito se coaduna mais com meus propósitos neste livro do que as abordagens praticadas por Miller e Miles. Se Jesus, de fato, ressuscitou após a morte, é crucial para o cristianismo; na realidade, trata-se da noção que lhe é constitutiva, pois somente tal ressurreição pode validar a certeza de que Jesus tornou-se Cristo — ou seja, o Messias.

Conforme o meu entendimento da Transfiguração, em que Jesus aparece junto a Moisés e Elias, tal visão justifica a hipótese gnóstica e sufi de que Jesus, primeiro, fez-se "o Cristo Anjo" e, então, somente após *aquela* ressurreição, teria voltado à condição humana e, presumivelmente, morrido na Cruz. Arrisco dizer "presumivelmente" porque gnósticos e muçulmanos insistem que Simão, o Cireneu, que carregou a Cruz, foi crucificado, em lugar de Jesus. Há outras tradições, ainda mais esotéricas, segundo as quais os soldados romanos foram subornados, e Jesus retirado da Cruz ainda vivo. Segundo a Lei Judaica, que ele próprio aceitava, Jesus fora maculado, e, após aparecer aos discípulos e ao irmão — Tiago, o Justo —, passou por um período de purgação e, em seguida, optou pelo isolamento, cruzando o Jordão, rumo à terra de Nod, de acordo com a tradição de Caim. Outras lendas afirmam que Jesus vagueou muito, seguindo a trilha das legiões de Alexandre, o Grande, até alcançar a região helenizada do norte da Índia. Lá, na qualidade de precursor dos muçulmanos, que ainda o celebram como profeta superado apenas por Maomé, o sábio Nazareno viveu em paz até a velhice, na condição de inofensivo judeu gnóstico, quiçá refletindo acerca da ironia de sua própria divinização, levada a termo por uma cristandade que ele não buscara fundar.

3

Conforme fizera a vida inteira, aquele Jesus reflexivo deve ter continuado a meditar acerca do pai, Javé, que talvez tenha perdido o interesse em um filho pródigo que já havia realizado o propósito paterno. O cristianismo sobredetermina e exagera a explicação desse propósito, ao ver em Jesus a concretização do plano eterno de Deus. Sendo eu judeu (embora herege), e não sendo cristão judaizado, estou fadado a ficar perplexo quanto ao propósito de Deus. Jack Miles é ex-jesuíta, a exemplo do grande F. E. Peters, autor do magistral *The Monotheists* (Os monoteístas, 2004), mas Miles me intriga de modo bastante diverso do meu fascínio por Peters, no que concerne aos embates entre judaísmo, cristianismo e islamismo. Miles formula a mais desconcertante das perguntas relativas a Javé e Jesus: "Antes de ser um desdobramento do caráter de Deus, não será Jesus, o Cordeiro de Deus, o colapso final desse caráter?" (*Christ*, p. 252). "Sim, será", Miles insiste e, como avaliação estritamente literária, a noção me parece irrefutável, porque Jesus requer um Deus mais perfeito do que Javé poderia ser. Contudo, eu gostaria de voltar aos enigmas do caráter de Javé, nem tanto em discordância com minha reflexão passada a respeito da psicologia pessoal de Javé (*O Livro de J*, 1990), mas em maior consonância com a constatação das angústias de influência do próprio Javé.

Kierkegaard é a pedra no meu caminho, uma vez que seu Nabucodonosor, depois que deixa de ser uma fera herbívora, maravilha-se diante de Javé:

E nada se sabe sobre Ele: quem foi seu pai, ou como Ele conquistou seu poder, ou quem a Ele ensinou o mistério da sua força.

Se Nabucodonosor estava falando de Jesus, a resposta talvez fosse Javé, mas quanto a isso tenho minhas dúvidas também. João Batista foi mestre de Jesus (por mais que tal noção constranja os Evangelhos), e, tanto quanto Elias, o Batista parece conhecer os mistérios de Merkaba, a carruagem de Javé, segundo descrição de Ezequiel. Javé é um admoestador, e não um mestre: este último papel ele confere a Moisés e Isaías, a Hillel e Jesus, a Akiba e Maomé. O Nabucodonosor de Kierkegaard é o epítome da percepção do ironista dinamarquês no que toca à imensa dificuldade de *se tornar cristão*, quando se vive na cristandade. O órfão Javé é nosso eterno dilema: quem foi o mestre *dele*? Como podemos ter certeza de qualquer fato acerca de Javé?

4

Dispomos da Tanak, e dos Sábios que a interpretam nos dois Talmudes, da Babilônia e de Jerusalém, e em comentários a respeito de ambos. Comentários são semelhantes à seqüência de peças dentro de peças, dentro de peças, que se amontoam em *Hamlet*, desde a segunda cena do segundo ato até a segunda cena do terceiro ato. A mente de Javé é mais labiríntica do que a de Hamlet, infinitamente mais; no entanto, o enigmático Príncipe da Dinamarca continua sendo o exemplo mais sofisticado de representação puramente literária de que temos conhecimento. O Shakespeare de Javé — a Autora "J" — manifestou uma irreverência capaz de incitar o crescimento defensivo da teologia, um esforço que sempre visa a explicar os aspectos humanos de Deus (ou de Jesus). Prefiro a Cabala à teologia, como guia da personalidade de Javé, e pretendo aqui ensaiar algumas investidas cabalísticas acerca da natureza de Jesus, embora não siga os precedentes da Cabala cristã.

O segmento mais antigo da Torá centra-se em Javé, personagem muito diferente do Deus Pai do cristianismo e do Alá do islã. O Javé descrito pela Autora "J" é figura íntima para nós, próxima, ao passo que o Deus Pai cristão isolou-se no céu. E Javé tem ciência dos próprios limites (o que talvez lhe provoque a ira), mas Alá possui poderes irrestritos. Existe aqui uma estranha permuta. À medida que a força de Deus aumenta, sua presença diminui. Javé caminha lado a lado de homens e anjos, e com todos conversa: senta-se embaixo dos terebintos, devorando a refeição preparada por Sara, e faz um repasto, no Sinai, acompanhado de 73 anciãos de Israel. Não consigo visualizar Alá ou Deus Pai modelando uma figura de barro vermelho, e em seguida conferindo-lhe o sopro da vida. Se Javé é misterioso, é também tão sagaz quanto Jacó, que ganha o novo nome de Israel. Perverso, curioso, ciumento e irrequieto, Javé é o mais pessoal dos deuses. A dignidade de Alá não permite tamanho mergulho nos caprichos humanos.

Os grandes rabinos do Talmude tendem a enfatizar mais o nosso temor a Deus do que a corporificação deste no *status* de Javé, nome espiritual que os rabinos se recusam a empregar. Em vez disso, os Sábios fazem multiplicar epítetos descritivos e nomes alternativos, com um entusiasmo que revela capacidade de criação, se bem que com um resquício de inventividade desesperada. Qualquer partícipe da Aliança (desde que conte com um mínimo de sensatez) teme a Deus, que, simultaneamente, proclama preocupação com os judeus e demonstra uma negligência perversa diante do seu povo. Tony Kushner segue aspectos distintos da tradição judaica em *Perestroika*, peça teatral em que os anjos movem ação judicial contra Javé, por deserção, mas a divindade sofisticada detém Roy Cohn como imbatível advogado de defesa. Será válido dizer que Javé é excessivamente ambicioso e, portanto, trabalha demais?

É sensato temer Javé. Haverá bases para amá-lo? Ou será tal amor apenas um treinamento que capacita aqueles que o cristianismo chama de mártires, os "atletas da morte"? Javé espera receber ambos: amor onde existe temor, e temor onde existe amor, fusão destrutiva quando se trata de duas pessoas, mas adequada, tratando-se só de Javé. Cada um de nós precisa decidir se a questão diz respeito à Antiga Aliança ou à Nova, ou se devemos nos submeter a Alá. Se recusarmos as três alternativas, seremos secularistas, humanistas, niilistas ou gnósticos que descartam o Nobodaddy de William Blake. Há outras opções, importadas da Ásia, mas o budismo não me vai bem.

5

Haverá alguma diferença entre o amor a Deus e o amor entre seres humanos, quando comparamos os Sábios do Talmude e Jesus? Sim, evidentemente, e trata-se de uma diferença importante, mas é bom lembrar: há sábios e sábios. Diante de quase todas as pessoas, Jesus, muitas vezes, comportava-se de modo ambivalente e (como seria de esperar) carecia da paciência do grande Hillel, que resistia a todo impulso escatológico. Ephraim E. Urbach, em estudo bastante confiável, intitulado *The Sages: Their Concepts and Beliefs* (Os sábios: seus conceitos e crenças, 1987), reconhece a severidade de Shammai e a intensidade apocalíptica do velho Akiba, que incentivou a desastrosa rebelião de Bar Kochba contra os romanos. Hillel, todavia, propiciou um novo entendimento da Torá, devido ao fato de ter sido, ao mesmo tempo, puro e humilde. A santidade de Hillel encontrava expressão nos seus atos, sempre realizados pelo bem celestial, e na fé absoluta em Deus, que não deixava espaço para dúvidas ou medos.

Os atributos demonstrados por Hillel — humildade, paciência, amor ao próximo e a busca da paz — não diminuíam o rigor de seus padrões éticos e religiosos, nem o impediam de delegar responsabilidades ao homem, que, segundo Hillel, deveria agir em prol do próprio aperfeiçoamento e do bem-estar público. O indivíduo deve se empenhar, pois "Se não sou por mim, quem o será?". Mas não alcançará muito através da reclusão e do isolamento, e deve lembrar: "E, sendo por mim, quem sou eu?" Tampouco pode esquecer que o tempo é limitado, e que não deve procrastinar — "Se não for agora, quando?" (Provérbios dos Patriarcas, I, 14). A relação de um homem com o próximo foi definida por Hillel não apenas pela máxima a ele atribuída, em resposta ao convertido que pediu que lhe fosse ensinada toda a Torá enquanto ele se apoiava em um dos pés — "O que a ti é odioso, não o faças a teu próximo" — (afirmação que o futuro convertido poderia ter ouvido de outras pessoas), mas também na exigência de que não devemos julgar, apressadamente, as ações dos outros, assim como não devemos confiar no nosso próprio moralismo. O princípio é "Não confies em ti mesmo antes do dia da tua morte, e não julgues o próximo até ocupares o lugar dele" (Provérbios dos Patriarcas, II, 5). No entanto, a humildade e a autocrítica de um indivíduo não são desculpas para mantê-lo distanciado da comunidade. Hillel assim instrui o Sábio que adquiriu as qualidades da pureza e da humildade: "Não te afastes da comunidade [...] e onde não houver homens, tenta ser homem" (Provérbios dos Patriarcas, II, 5-6).

Idéias erradas que circulam a respeito de Jesus posicionam-no mais proximamente a essa cordialidade humana do que deveria ser o caso. Hillel não portava a espada da consciência, mas a paz, tão-somente a paz. A negligência de São Paulo quanto à letra e ao espírito, à Lei e ao amor, é anulada pela conjunção de Hillel e Jesus. Para Hillel, o espírito santo tinha passado dos profetas à comunidade de Israel, e os Sábios remanescentes dirigiram-se à comunidade, não pretendendo operar milagres. Tampouco tentaram abolir o Sinédrio e o Templo, embora condenassem seus desmandos administrativos. Meu entendimento de Confúcio é reduzido, mas percebo afinidades entre ele e Hillel. Ao contrário de Jesus, Hillel não dividiu a população em dois grupos — cordeiros e bodes; antes, pretendia que todos os israelitas fossem "associados", parceiros de uma Redenção contínua, não de um Reino do Céu, distante e futuro. É sentimentalismo buscar reconciliação entre Hillel e Jesus, não obstante o desejo dos bem-intencionados. Hillel, na verdade, disse: "Onde não houver homens, tenta ser homem" — e não uma encarnação de Deus. Se é que é possível apontar algum elo entre Hillel e Jesus, será na seguinte observação do Sábio: "Não confies em ti mesmo antes do dia da tua morte, e não julgues o próximo até ocupares o lugar dele." Talvez eu mesmo deva refletir mais sobre essas palavras do que costumo fazê-lo.

6

Javé, "antropomórfico" no Texto "J" que subjaz à Torá, é apenas em parte transcendentalizado pelos Sábios. Muito têm me influenciado, desde que foram reeditados, em 1968, os estudos do rabino Arthur Marmorstein (três volumes em um só tomo) intitulados *The Doctrine of Merits in Old Rabbinical Literature* e *The Old Rabbinic Doctrine of God*, subdivididos em *Names and Attributes* e *Essays in Anthropomorphism* (respectivamente, A doutrina dos méritos na antiga literatura rabínica, A antiga doutrina rabínica de Deus, Nomes e atributos e Ensaios em antropomorfismo). Zwi Werblowsky, apresentando esses livros esplêndidos, descarta, sem rodeios, "o arrogante preconceito cristão" que identificava nos Sábios um moralismo "farisaico" que tinha sido aniquilado por Jesus e Paulo. Werblowsky é tão útil e contumaz que citá-lo é uma satisfação:

> *Shamayim* — metonímia que traduz "Ele que habita o Céu" —, sem dúvida, conotava um Deus transcendente, onisciente, sobrenatural, embora não necessariamente um Deus distante, removido das preocupações humanas. Esta última idéia, atribuída aos rabinos, e.g., por Bousset, é mais um dos vãos constructos que os estudiosos gentios se aprazem em inventar, para se convencerem de que o judaísmo era uma religião carente de vitalidade e calor, e desprovida de qualquer noção de proximidade com Deus (e de proximidade do homem em relação a Deus). Ainda mais estranha é a descoberta recente de que a frase "pai nosso no céu" — que, para mentes livres de preconceitos, supostamente, demonstraria uma certa proximidade com Deus — ainda revela o distanciamento de um Deus transcendental. De acordo com essa visão, o judeu comum, na melhor das hipóteses, diria "meu pai" (*abi*), ao passo que só Jesus poderia dirigir-se a Deus utilizando o termo mais íntimo *abba*. É desnecessário discutir essas teorias com seriedade, à vista do material coligido por Marmorstein. (p. XIII)

O paradoxo da presença e da ausência, tão trágico para os Sábios quanto para Jesus, é que Javé é absurdamente imprevisível. Pode surgir diante de nós, no primeiro arbusto, ou se esconder quando dele mais necessitamos. É capaz de rejeitar uma oferenda ou, simplesmente, ignorá-la. São Paulo insiste que a auto-oferta de Jesus, na condição de Cordeiro de Deus, foi aceita, mas quem pode ter certeza? O judaísmo ressalta o crédito na Aliança, o cristianismo professa a fé segundo a qual o próprio Jesus era ele mesmo a Nova Aliança, o islamismo é a submissão à vontade de Alá, mas confiança, fé e submissão não constituem conhecimento. A gnose — seja a Cabala, o misticismo cristão ou o sufismo — depende do conhecimento que é conhecido, mas não é essa a epistemologia de Aristóteles e Hume.

Marmorstein, aprofundando-se no estudo dos Sábios, percebe que o paradoxo da proximidade e distância simultâneas de Javé jamais é resolvido. Segundo os talmudistas, o isolamento gradual de Javé, rumo à transcendência, é compensado pelo esplendor visual (embora intermitente) que os talmudistas denominam Shekhinah, identificação levada ao extremo na Cabala. A antiga doutrina rabínica considera Shekhinah a presença contínua de Javé no mundo, no tempo em que ele desejava estar aqui, lá, e em todo lugar. Javé é incompreensível sem Shekhinah. Se a "beleza de Israel" (2 Samuel 1, 19) foi, de fato, a entrega e o recebimento da Lei no monte Sinai, tal beleza só foi visível devido à Shekhinah. Será que Javé nos desertou? O rabino Abba bar Mimel, um dos primeiros Amoraim, cita Javé: "Meu nome está de acordo com meus atos." Quais foram esses atos, ao longo dos vinte séculos cristãos? Um Deus que se esconde é uma questão, mas um Javé que se reduz a um esplendor ocasional já não merece o nome de Javé, que afinal significa, basicamente, estar presente.

A despeito de como pretendesse ser interpretado, sem dúvida, Jesus fez-se presente durante o período de um ano (ou mais) do seu ministério, mas será que Javé se fez presente a Jesus? É célebre a afirmação que o Evangelho de João atribui a Jesus: "Antes que Abraão existisse, Eu Sou." Contudo, Abraão conversava com Javé, face a face, assim como o fizera Enoque, mas o Novo Testamento jamais apresenta Jesus e Javé em confronto direto, nem mesmo na Transfiguração, em que um Jesus luminoso é visto ao lado de Moisés e Elias, ambos íntimos de Javé. Pelo beijo de Deus morre Moisés, sendo sepultado em túmulo não marcado, aberto pelo próprio Javé, e Elias ascende ao céu, diretamente, sem que seja preciso morrer. Visto que a teologia cristã, a partir de Paulo, insiste que Jesus se torna Deus somente na e através da Ressurreição, os fiéis não se espantam muito diante da relação distanciada entre o Jesus vivo e Javé. Jesus, conforme podemos perceber, acreditava que seu Pai celestial, ao menos, visitava o mais Santo dos Santos, no Yom Kippur, o Dia do Perdão. No entanto, por que motivo, mesmo no Testamento cristão, jamais se verifica um encontro sequer, face a face, entre Javé e seu Filho? Por que os patriarcas e profetas se envolvem muito mais diretamente com a presença de Deus? Se Abraão, Moisés e Elias são homens mais teomórficos do que Jesus, não deveria o Novo Testamento nos oferecer alguma explicação a respeito? Ou será Jesus a encarnação de Javé, desde o nascimento, conforme quer a teologia? Em Israel, as profecias tinham cessado desde Malaquias, "o Mensageiro", e somente os muçulmanos consideram Jesus o profeta que precedeu Maomé, o Selo dos Profetas. Falta algo aqui, mas a teologia cristã recusa-se a lidar com essa estranha ausência.

7

Mark Twain, que não era crente, observou que "a Bíblia cristã é uma drogaria. O estoque é sempre o mesmo, o que muda é a prática médica". Esse estoque, é hora de observar, *não* se constitui apenas do Novo Testamento grego, arrastando atrás de si o cativo dos gentios, o Antigo Testamento hebreu. A Tanak é flagrantemente reestruturada e mal interpretada pelo cristianismo. De vez que a Tanak é o Livro de Javé, isso quer dizer que ele (Javé) também é revisto por Paulo, pelos evangelistas e todos os teólogos que os seguiram ao longo de dois mil anos. E se assim Javé deixa de ser Javé, o que há de ser, então, de um Javé Encarnado?

Desde Agostinho, passando por Aquino, chegando ao nosso presente esquálido e multimidiático, somos inundados de respostas, mas a pergunta permanece sem explicação, tanto quanto a indagação do Livro de Jó: "Onde encontrar a sabedoria?" Nem Javé nem Jesus são responsáveis por Jerry Falwell, muito menos pelos assassinos de massas que se dizem inspirados pelo cristianismo e pelo islamismo. O enigma de Jesus de Nazaré é eterno. Será ele, conforme o Evangelho de João, a consciência ungida, sabedor, desde sempre, que é Javé encarnado, ou será o protagonista problemático que surge nos Evangelhos de Marcos e Mateus? O Jesus do Evangelho de Marcos, de modo especial, busca, misteriosamente, as origens da sua própria percepção do eu, diversamente do herói-deus-vítima, ávido de condenação, que encontramos em João.

Jaroslav Pelikan, ao concluir um estudo grandioso, excepcional (em cinco volumes) — *The Christian Tradition* (A tradição cristã) —, detém-se, desconcertado (a interpretação é minha, não dele), ao falar do Segundo Concílio Católico do Vaticano (1962-65). Passada uma geração, percebo que o próprio Pelikan é agora membro da cristandade ortodoxa, e que encontra na "eclesiologia ortodoxa oriental" uma santificação imune às tendências "autoritárias e jurídicas" presentes tanto na Igreja Católica Romana quanto no protestantismo tradicional. O falecido Hans Frei deixava-me atônito diante de sua benévola profecia de que o futuro espiritual do cristianismo dependia de um retorno às origens judaicas. Sendo profundamente gnóstico, não sou judeu normativo, mas minha reverência pela religião de Akiba jamais me abandona, e, em última instância, jamais consegui compreender Pelikan ou Frei, ambos dotados de uma sensibilidade sublime e normativa. O paradoxo do cristianismo sempre há de ser a convicção de que Javé, a mais desconcertante das entidades, seja real ou fictícia, pudesse ter de algum modo gerado Jesus de Nazaré, que talvez se sentisse profundamente perturbado diante da revisão do seu papel, efetuada por indivíduos que vieram depois dele.

Necessariamente, qualquer pessoa há de identificar mais as origens do seu eu a partir de Agostinho, Descartes e John Locke, ou mesmo Montaigne e Shakespeare, do que a partir de Javé e Jesus. Isso é apenas outra maneira de dizer que somos formados por Sócrates e Platão, e não por Jesus, por mais ignorantes que sejamos a respeito de Platão. A Bíblia hebraica dominou o protestantismo no século XVII, mas quatro séculos mais tarde a nossa sociedade tecnológica e mercantil é muito mais filha de Aristóteles do que de Moisés. Jesus, mesmo que fosse Javé Encarnado, não teria apreendido ou compreendido um planeta que haveria de lhe parecer um mundo submerso, afogado, como se a primeira aliança de Javé, com Noé, jamais tivesse sido firmada.

Discorrer sobre Jesus é algo mais afeto a considerações sobre Hamlet do que a reflexões sobre Shakespeare. Até mesmo as caracterizações shakespearianas mais complexas — Hamlet, Falstaff, Iago, Lear e Cleópatra — parecem transparentes, quando comparadas ao Jesus da Nova Aliança. Com quem pode Jesus conversar, intimamente, quando quer falar de si mesmo? Javé, supostamente, afeiçoa-se de Abraão e Moisés e, no extremo, adota Davi, porque o isolamento esplendoroso — até mesmo o de Deus — não pode prosseguir por toda a eternidade. Jack Miles, com eloqüência, expressa o *pathos* da aflição de Javé, e assim corre o risco de ser censurado por todos (seja qual for o seu monoteísmo) os que se sentem constrangidos diante de um Deus que não seja perpetuamente transcendental.

8

Conforme já mencionei, John Milton, em *Paraíso Perdido*, concede apenas seis palavras à morte e ressurreição de Jesus Cristo. Encarnação e Perdão não interessavam a Milton, o poeta, e tampouco são centrais às principais tradições da poesia ocidental, a partir do advento do Iluminismo europeu, no século XVII. Wallace Stevens, o poeta norte-americano mais importante desde Walt Whitman e Emily Dickinson, no poema "Manhã de Domingo", contrasta a Palestina — "Terra Santa de sangue e sepulcro" — a uma dança nietzschiana de incontida "devoção ao sol/ Não como deus, mas como um deus seria".* Quando jovem, por vezes, eu via grafite rabiscado no metrô de Nova York, proclaman-

---

* *Wallace Stevens: Poemas.* Tradução e Introdução de Paulo Henriques Britto. São Paulo: Companhia das Letras, 1987, pp. 27, 33. [N. do T.]

do: "Nietzsche está morto! Deus vive!" Essa idéia demonstra afinidade com muitos conselhos de educação norte-americanos que deliberam em prol do ensino do criacionismo, contrariamente ao evolucionismo darwiniano. Se Javé ainda vive, talvez tenha se fechado em si mesmo.

9

Um velho adágio estabelece que cada um de nós tem o Deus que merece. Mas se merecemos um Javé tão irascível, vingativo e até homicida é outra questão. Os cruzados preferem esquecer que o próprio Javé tortura e executa Jesus, por elevado desígnio, se o Evangelho de João for crível. Qual será a culpa humana que deve ser expiada pela tortura que Javé impõe a Jesus e pela crucificação de centenas de milhares de outros judeus, nas mãos das forças romanas de ocupação? De início, dispenso as apologias que São Paulo e Santo Agostinho fazem a Deus: na queda de Adão, todos pecamos. Os grandes Sábios do Talmude não defendiam essa doutrina bárbara, importação helênica do mito do portador do fogo, Prometeu, atormentado por um Zeus sádico, e, no extremo, o relato xamanista e órfico da vingança de Dioniso contra os que dilaceraram e devoraram o deus infante. Javé é a menos autoconsciente das divindades, em todos os tempos, mas Jesus, particularmente no Evangelho de João, é um milagre da autoconsciência mais elevada, modelo implícito de Hamlet, torre solitária shakespeariana e apoteose do autoconhecimento. Enquanto Deus Encarnado, o Jesus de São João não é compatível com a Bíblia hebraica, mas os cristãos, estranhamente, defendem essa incongruência absoluta, ao afirmarem uma descontinuidade similar entre a Torá e o Talmude, o que, sob a perspectiva histórica, não é improcedente. Um Javé que inventa a morte não será um Javé que, mais tarde, cometeria o suicídio, a menos que se queira transformar a Tanak em uma tragédia irônica, façanha que é levada a termo pelo autor amargurado do Evangelho de João. Nenhum texto complementa outro, mas há revisões e revisões: o Talmude prefigura, o que vem a ser um tipo de revisão; por outro lado, São João inflige à Torá um *sparagmos* (ou dilaceramento) órfico, espalhando os membros do corpo de Javé como se o Mestre da Presença fosse outro Osíris, ou um israelita dos dias de hoje, explodido em um ônibus por um suicida/homicida palestino. Para Javé, São João é pura encrenca.

10

O retrato mais antigo que, para nós, define Javé é esboçado pela Autora "J", que ainda me parece ter sido uma mulher pertencente à aristocracia, ativa na Era de Salomão, e que se sentia nostálgica em relação ao heróico pai de Salomão — Davi —, antepassado de Jesus, que deveria ter atuado, de fato, como o Rei dos Judeus, comandando-os em sua frustrada rebelião contra os imperialistas romanos.

Já escrevi, detidamente, sobre Javé, em *The Book of J* (O livro de J, 1990), mas 15 anos de reflexão levam-me agora a rever um tanto a minha posição anterior quanto ao Deus enigmático que alterna presença e ausência. Hegel, que impulsionou todo o conhecimento teológico protestante alemão, domina Gerhard von Rad, de cuja influência não pude escapar, em *The Book of J*. Jack Miles, jocosamente, sugeriu que eu identificasse a Autora "J" como Betsabéia, a hitita, rainha e mãe de Salomão, noção que, de bom grado, acatei em *O Cânone Ocidental* (1995) e *Gênio* (2003). O distanciamento extraordinário da Autora "J", seja em relação a Javé ou aos Patriarcas, corresponde à perspectiva de uma mulher hitita que desposara Davi e gerara Salomão, e que talvez tenha feito seu auto-retrato através de Tamara, que engana Judá e, com ele, torna-se ancestral de Davi, Salomão e, finalmente, de Jesus de Nazaré.

Os estudos bíblicos baseados em Hegel, freqüentemente, fundamentam-se em uma oposição entre a idolatria canaânica da natureza e a ênfase hebraica em Javé, cujos atos constituem história. Em *The Book of J,* faço lembrar que a Javista não demonstra nostalgia pelo nomadismo, que ele caminha, com firmeza, sobre solo agrícola. A noção é reforçada pelo livro de Theodore Hiebert *The Yahwist's Landscape* (1996), que aponta não haver antítese lingüística, no hebraico antigo, entre "natureza" e "história" e, com razão, atribui ao Javé descrito por "J" um reino totalmente terrestre. Sua própria Terra é adâmica e, para Javé, não precisamos vislumbrar céu algum. Conforme já observei, Javé não é um deus celestial; é um cultivador de jardins, e se apraz em fazer repastos à sombra de um terebinto. Chamar Javé de antropomórfico é redundância. Nenhum Deus é mais humano.

11

Seremos capazes de imaginar uma conversa direta entre Javé e Jesus? Se o cristianismo é verdadeiro, como é possível tal conversa não ter ocorrido na Terra, visto que, supostamente, haveria de ocorrer na eternidade? Sendo duas pessoas, mas uma só substância, decerto, não teriam se conhecido? Ou serão dois Deuses distintos, antitéticos, conforme queriam algumas heresias antigas? Cristo, por definição, é tão Deus quanto homem; porém, mais surpreendente é que o mesmo pode ser dito acerca de Javé, o qual prefere a sombra ao calor abrasador, aprecia refeições ao ar livre e é um guerreiro feroz (às vezes, anônimo: por exemplo, quando aparece para Josué). Visto que Javé é belicoso e Jesus prefere não sê-lo, cabe, novamente, invocar o Rei Hamlet e o Príncipe da Dinamarca, que, a exemplo de Jesus, é pugnaz, mas que também opta por não levar seus homens à guerra. Não se pode estabelecer diferença entre Javé e Jesus, simplesmente, a partir da mescla de identidades humanas e divinas neles observadas.

Mas, eu insisto, por que os dois não interagem, se nos lembrarmos que as dificuldades de comunicação entre pais e filhos são universais? A voz de Javé é ouvida nos Evangelhos Sinóticos, tanto no Batismo quanto na Transfiguração, a fim de afirmar que Jesus é seu filho amado, mas a audiência somos nós, leitores, conforme Raymond E. Brown enfatiza, competentemente. Em ambas ocasiões, os discípulos não parecem absorver a informação, e, evidentemente, Jesus não precisa da mensagem — tampouco a responde. Mais uma vez, parece que algo está faltando. Seremos *nós* a única audiência privilegiada dos Evangelhos, exceto no caso do Evangelho de João? Segundo parece, os discípulos foram escolhidos por Jesus não pelo intelecto, mas pela capacidade de resistência, especialmente Pedro, personalidade que hoje em dia poderia ser comparada à de Rocky, papel em filmes sobre a vida de Cristo que parece condizer com Sylvester Stallone. Pedro é dado a trapalhadas, conforme Paulo mais tarde haveria de se queixar.

Não podemos conferir personalidade ao Espírito Santo, mas ninguém diria que Javé e Jesus seriam duas personalidades, e uma só substância. Não acho que o mistério constatado em Javé e Jesus se estenda ao modo como eles falam.

Javé é por demais irascível para depender de enigmas e parábolas, ao passo que Jesus supera Hamlet, quanto à perspicácia e à linguagem enigmática. Porventura os estilos verbais de Javé e Jesus sejam, simplesmente, tão diversos que a interação se torna impossível. Até Shakespeare teria hesitado (com um sorriso), se lhe pedíssemos que nos provesse um diálogo entre Rei Lear e Hamlet. Em que Jesus e Javé mais diferem? Mesmo em Marcos, que mais se aproxima de "J", Jesus jamais pode dizer que nada era impossível para ele. Ele não pode realizar milagres em Nazaré. Em João, Jesus fala como Javé: "antes que Abraão existisse, Eu Sou". Mas João é quase gnóstico, e chega a ser proto-sabélico, heresia segundo a qual o Filho gera a si mesmo.

O desespero de Jesus não pode ser equiparado à deserção de Javé (ou deveríamos falar do exílio voluntário de Javé?). Se Jesus disse que o Reino de Deus está dentro de nós, seria uma indicação de que agora Deus existe somente dentro de nós? Se um grande mestre carismático da tradição oral nos fala tão-somente por meio de ironia e histórias enigmáticas, então, Sócrates poderia ser o Salvador, conforme o foi para Platão e Montaigne. Deixemos de lado Paulo e João, e enxerguemos, claramente, o helenismo de Lucas. O Jesus judaico de Marcos e Mateus não é Javé encarnado; antes, é um profeta singular e tardio, semelhante a João Batista, e as profecias já haviam, de fato, cessado entre os descendentes de Abraão. Entre os fortes, não surgiu a brandura, mas a espada, ou melhor, duas espadas: a cruzada cristã (hoje em dia centrada na religião norte-americana) e seu inimigo, o islamismo Wahhabi.

Seremos capazes de imaginar Rei Lear na condição de pai do Príncipe Hamlet? O Javé segundo "J", sob determinados aspectos, assemelha-se a Lear; o Jesus de Marcos é um dos precursores de Hamlet. Imaginar o Javé de "J" na condição de pai do Jesus de Marcos confunde a minha experiência no que concerne à reflexão sobre a alta literatura, em que pais e filhos divergem, mas não existem em esferas distintas. A teologia, ela mesma um amálgama de Platão e Aristóteles, é capaz de tudo imaginar, pois a representação convincente não é uma de suas preocupações. Mas a Escritura está mais próxima de Shakespeare do que da filosofia. E os paradoxos de um Deus suicida condizem mais com a tragédia ateniense do que com a Tanak. Isso implica que Cristo é helênico, ao passo que Jesus (em Marcos e Mateus) é judaico. Paulo é um enigma; pouco se ocupa de Jesus, até a Páscoa, a Ressurreição. Ao contrário de Jesus, Javé não disse que o último inimigo a ser conquistado seria a morte. Javé é o Deus dos vivos; Cristo, em mais um mistério, é Deus dos mortos. Quem é Jesus? Nem Javé nem Cristo. Jesus Cristo é um novo Deus, assim como o cristianismo foi uma Nova Aliança.

Fiéis, estudiosos, políticos, todos o negam, mas o monoteísmo ocidental tornou-se um profundo mistério. Inclino-me à proposição de que Jesus Cristo, Alá e Javé são mutuamente antitéticos. O padre Raymond Brown nos adverte a não subestimar o humano em Jesus, mas, na prática, os fiéis reduziram esse lado humano ao açoite gibsoniano. O Jesus norte-americano é perfeito, conforme o vemos no Evangelho de João.

Um humano não pode ser *fisicamente* ressuscitado dos mortos, e nada na Bíblia hebraica defenderia o contrário, pois Enoque, Elias e Eliseu ascendem diretamente a Javé, sem terem morrido. O entendimento de São Paulo quanto à

Ressurreição de Jesus é de que esta foi totalmente espiritual, mas não é essa a visão dos Evangelhos ou dos Atos dos Apóstolos, em que Jesus (exceto em Mateus) sobe aos céus espiritual e materialmente. Visto que o próprio Jesus ressuscitou Lázaro e outros, conforme o fizeram Elias e Eliseu antes dele, supõe-se que seja capaz de fazer o mesmo para si.

Será possível considerar o Javé segundo a Autora "J" nesse contexto? Tanto Jesus quanto os muçulmanos dizem: "Não!" Deus não aceita ser humilhado, seja por romanos, alemães ou norte-americanos. Um Javé crucificado (conforme quer Miles) é um oximoro, mas Javé, como já observei, não é um Deus que morre e revive. A cristologia é uma ciência esquisita, seja da perspectiva do judaísmo ou do islamismo. Mergulhar no estudo dessa ciência tem sido para mim uma experiência educacional, em nada similar à perplexidade de que sou acometido quando tento apreender o budismo ou o hinduísmo, duas religiões que me escapam. Tratando-se de cristologia, cultivo a paciência, pois busco sempre resposta a uma mesma pergunta: como pode Javé ser visto como quem aceita a mortalidade, mesmo que esta constitua um outro caminho para ele reassumir condição e função prévias? A resposta cristológica é que Deus escolheu se tornar amor, a todo e qualquer custo. Falando com a voz autêntica da cristologia, o padre Raymond Brown nos diz que não havia outro meio de manifestar a generosidade divina em relação à humanidade.

W. H. Auden, fundamentado em preceitos cristãos, desaprova o Príncipe Hamlet, alegando que o personagem mais talentoso da literatura ocidental moderna não amava Deus, nem outros humanos, nem mesmo a si próprio. Aristóteles observou que a solidão completa só era possível para uma fera ou uma divindade, e talvez a existência de

Horácio — o único seguidor leal — impeça Hamlet de ingressar na categoria de divindade, fator que destruiria a peça.

Na qualidade de sacerdote católico, Brown insistia, devidamente, que "se Jesus não é 'Deus verdadeiro de Deus verdadeiro', então, não conhecemos Deus em termos humanos". Mas é certo que conhecemos um Javé extremamente humano, no retrato esboçado pela Autora "J", de um Deus ansioso, combativo, agressivo e ambivalente, que se apaixona pelo rei Davi, transformado no retrato de José, o substituto do rei-guerreiro fascinante que gerou Salomão. À semelhança de quase todos os padres católicos eruditos, Brown parece ver em Javé apenas um Deus teológico, uma espécie de reitor de uma universidade celestial, e não um guerreiro.

Os Evangelhos Sinóticos não são tratados teológicos; são histórias — sumamente ambíguas no que respeita à divindade de Jesus. Somente 250 anos mais tarde, no Concílio de Nicéia, em 325 da Era Comum, Jesus foi designado "Deus verdadeiro de Deus verdadeiro". Em Marcos 10, 18, Jesus declina de ser elogiado como "bom mestre", porque "Só Deus é bom, e ninguém mais". Paulo, em 1 Coríntios 8, 6, preocupa-se em distinguir "um só Deus: o Pai" de "um só Senhor, Jesus Cristo". Os exemplos se multiplicam, mas os teólogos, em resposta, prosseguem citando variantes textuais, complexidades de sintaxe, bem como um punhado de trechos que, embora não sejam suspeitos ou equívocos, são representados de maneira tendenciosa. O mais célebre é João 20, 28, em que Jesus aparece uma semana depois da Páscoa, e o discípulo Tomé se refere ao Salmo 35, 23: "Meu Deus e meu Senhor." Mas João, notoriamente, inicia com outra identificação, bastante diferente, do Verbo com Deus, e *logos* é tradução um tanto inadequada do hebraico *davar*, que vem a ser, simultaneamente, palavra, coisa e ato. Javé é um nome e, portanto, uma palavra, e é sempre a essência do ato, e não pode ser descrito como o elemento supremo de um cosmo de elementos. Os Evangelhos Sinóticos posicionam Jesus nessa categoria. O Javé que consta do trecho da Torá atribuído a "J" é por demais dinâmico para ser contextualizado, precisamente porque *davar* não tem equivalente em grego.

Quais seriam as conseqüências — para a religião, a cultura e a sociedade — se o cristianismo, de qualquer denominação, reconhecesse que adora dois, ou três ou até mesmo quatro Deuses (Javé, Jesus, o Espírito Santo e Maria), em vez de um só? O islã, desde os primórdios, tem considerado o cristianismo politeísta, embora honre Jesus. Historicamente, a Igreja reputou o islamismo uma heresia cristã, assim como os rabinos do século II rejeitavam o cristianismo como heresia judaica. Mas eu gostaria de propor uma perspectiva diversa, de caráter prático, às considerações dos argumentos acerca da divindade: não somos todos nós, em vários sentidos, politeístas, no que diz respeito a aspectos cruciais da nossa vida? Por "nós" não quero dizer apenas judeus, cristãos e muçulmanos, mas também os secularistas, os agnósticos, e até os ateus declarados. Os norte-americanos são, necessariamente, pós-pragmáticos, conforme observa Richard Rorty: somente as diferenças que de fato fazem diferença contam nos Estados Unidos. Será que a admissão de que o monoteísmo já não existe faria grande diferença?

Permito-me sobrepor dois sábios — Goethe e Freud —, no que diz respeito às suas respectivas atitudes divergentes diante da religião. Goethe via-se mais como um deus do que como um cristão, enquanto Freud se declarava judeu infiel. Em homenagem a Jesus, Goethe desprezou Paulo, bem como todo o cristianismo que o sucedeu. Cercado pela Viena católica, Freud, demonstrando discernimento, absteve-se de psicanalisar Jesus, enquanto identificava em Moisés um precursor, cujo monoteísmo representava um avanço para a cultura, devido à renúncia aos impulsos. Constata-se um salto estranho, que conta com pouca base racional, na identificação de Freud com a figura humana de Moisés. Freud aprazia-se em se considerar um *conquistador* espiritual, tendo em Moisés um de seus precursores, embora na realidade eu não consiga saber por que razão, precisamente, o monoteísmo, em termos freudianos, constitui um triunfo humano. Se quisermos apreender a auto-imagem de Freud, devemos defrontar o Moisés de Michelangelo, escultura que, para Freud, era um ícone.

Visões de liderança são, por definição, agonísticas; competem entre si pelo lugar único, acima dos demais. A Bíblia hebraica oferece Moisés, Davi e Elias como exemplos. É estranho que a Nova Aliança tenha de lidar com o constrangimento que se refere a João Batista, a quem Jesus, de início, seguia. Contudo, a Bíblia cristã derrotou e reestruturou a Tanak, e Jesus Cristo abrange Abraão, Moisés e Davi, ao passo que Elias e seu avatar, na figura de João Batista, são postos de lado, reverentemente. A visão ocidental de liderança centra-se em Cristo, desde Constantino até a Renascença, quando Maquiavel e Shakespeare, cujo Hamlet é um contra-Maquiavel, na realidade, abalam o centro. A importância duradoura de Freud, arrisco-me a afirmar, tem menos a ver com a ciência da mente do que com imagens de liderança no Ocidente. Jesus, Maquiavel, Shakespeare e Freud formam um quarteto curioso, mas nossos capitães da política e da indústria costumam misturar os quatro, de modo geral, com uma percepção limitada de sua herança compartilhada. Javé, arcaico e exilado, cedeu a liderança aos usurpadores.

Onde podemos, atualmente, situar o Javé que foi o carismático dos carismáticos, que definiu liderança em termos totalmente desconhecidos por Homero e Confúcio? Conquanto nenhuma figura pública, com toda a razão, declare o fato abertamente, a guerra contra o terror é uma repetição tardia das guerras de Javé. Nossa segunda invasão do Iraque foi a mais infeliz das repetições, uma paródia das Cruzadas. Maquiavel, que a partir da Renascença inglesa foi reduzido a uma caricatura popular, ainda é o Messias do realismo geopolítico, profeticamente delineado no livro *Thoughts on Machiavelli* (Reflexões acerca de Maquiavel, 1958), de autoria de Leo Strauss (1899-1973), oráculo dos neoconservadores que convenceram George W. Bush a lançar a Cruzada de Bagdá. Strauss é eloqüente, ao resumir a substituição que Maquiavel opera da "religião" pela "prudência":

A inadequação do argumento de Maquiavel não pode ser desculpada através de referências ao que ele via em Roma e na Florença contemporâneas. Pois ele sabia que os fatos notórios que lhe permitiram falar da corrupção da Itália comprovavam, simultaneamente, a corrupção do cristianismo na Itália. Vale mais a pena, embora ainda seja insuficiente, desculpar a inadequação do argumento de Maquiavel recorrendo ao abuso indescritível no ensinamento da Bíblia, do qual fiéis, em todos os tempos, são culpados. De qualquer maneira, muitos dos leitores de hoje em dia que dispõem de algum entendimento da Bíblia, provavelmente, sentem-se menos escandalizados, mas se espantam diante das sugestões de Maquiavel. Tais leitores se acostumaram não apenas a distinguir entre o centro e a periferia do ensinamento bíblico, mas a ignorar essa periferia, como algo dispensável ou mítico. Maquiavel tinha ciência da legitimidade dessa distinção. A teologia recente inclina-se a negar que a punição divina seja mais do que o sofrimento que constitui a conseqüência natural ou necessária do distanciamento em relação a Deus (ou do esquecimento de Deus), ou mais do que o vazio, a vaidade, o sofrimento repulsivo ou glorioso, ou o desespero de uma vida que não seja ligada a Deus, ou confiada a Deus. A mesma teologia tende a resolver a dificuldade inerente à relação entre onipotência e onisciência, de um lado, e liberdade humana, do outro, reduzindo a providência ao ato de Deus permitir que o homem realize seu destino sem maiores intervenções divinas, exceto o fato de Deus esperar pela resposta do homem ao seu chamado. As indicações de Maquiavel relativamente à providência dizem respeito a uma noção de providência segundo a qual Deus, literalmente, governa o mundo como um monarca justo governa seu reino. Ele não presta a mínima atenção ao fato de que a prosperidade dos maus e a aflição dos justos sempre foram consideradas por fiéis esclarecidos parte essencial do mistério do outro providencial. Quase podemos vê-lo, no momento em que ouve as palavras "os que recorrem à espada, morrerão pela espada", e responde: "mas os que não recorrerem à espada, também morrerão pela espada": Deus não se detém para pensar que somente os primeiros, ao recorrer à espada, submetem-se, inteiramente, ao julgamento da espada e, portanto, condenam-se a si mesmos, percebendo que nenhum corpo misto é eterno.

Morremos pela espada, não importa se a empunhamos ou não, mas o que aconteceu à espada temível e ágil manejada por Javé em suas guerras particulares? A pergunta shakespeariana seria: "o que prometeste a ti mesmo?". Na visão cristã, uma vez que Jesus é Filho de Deus, isso se traduz na pergunta retórica: "que prometeu Javé a Jesus?". Em *Hamlet*, conforme Julia Lupton, com muita sutileza, demonstra, o Príncipe, ao obstruir Cláudio, é um anti-Maquiavel, mas é também um Maquiavel inglês, subordinando amor ao medo, como o meio mais confiável de induzir obediência. Javé, na prática, é indiferente ao fato de ser amado ou temido, porque tanto amor quanto temor propiciam sacrifícios que constituem emblemas da nossa obediência, uma práxis que culminou na suposta morte de Jesus.

Judeus e cristãos já não sacrificam animais em altares sangrentos, mas o javismo só dispensou o sacrifício de animais quando os romanos destruíram o Templo; e os cristãos deram continuidade à prática, fazendo-o de maneira sublimada, em uma comunhão na qual pão e vinho são emblemáticos da carne e do sangue de Jesus. O sacrifício à moda antiga, supostamente extinto, é realizado diariamente por meio de violência religiosa, no mundo inteiro, seja no terrorismo organizado ou na guerra, que nada mais são senão sacrifício. Simone Weil atribuía a culpa de tudo à Bíblia hebraica, ao mesmo tempo que, surpreendentemente, agregava os Evangelhos e a *Ilíada*, como "poemas de força" que não sancionavam rituais de sacrifício. Aquiles, a maior das máquinas mortíferas, não compreenderia Simone Weil, mas confesso que tampouco consigo compreendê-la.

Sacrifício é, para mim, o mais desagradável dos assuntos, mas um livro centrado nos Nomes Divinos, Jesus e Javé, dificilmente, poderá se esquivar do material que o Redator, exilado na Babilônia, teceu na estrutura que compreende Gênesis e Reis, ao incorporar a fonte Sacerdotal, tão diferente, em todos os sentidos, da narrativa javista. "J", ironicamente, evitou o sacrifício, apesar do incidente de Aqedah (a palavra "*aqedah*" significa "obrigação"), em que Abraão quase sacrifica Isaac a Javé, um modelo extremo do sacrifício de Jesus na condição de Cordeiro de Deus.

O sacrifício javista é assunto tão perturbador que nenhum estudioso moderno conseguiu igualar a "semicondenação" da referida prática proposta pelo excepcional sábio do século XII da Era Comum, Moisés Maimônides, que na obra *Guia de Transviados* insiste ser o sacrifício, na melhor das hipóteses, questão secundária para a vontade divina. Maimônides vale-se da tradição profética, especialmente segundo exemplificada na repreensão que Samuel dirige a Saul:

> Samuel, porém, replicou:
> "O que é que Javé prefere? Que lhe ofereçam holocaustos e sacrifícios, ou que obedeçam à sua palavra? Decerto, obedecer vale mais do que oferecer sacrifícios; ser dócil é mais importante do que a gordura de carneiros. Pois a rebelião é um pecado de feitiçaria, e a obstinação é um crime de idolatria. Porque você rejeitou a palavra de Javé, ele rejeita você como rei."
>
> I Samuel 15, 22-23

Maimônides também cita Isaías 1, 11-13 e Jeremias 7, 21-23:

> "Que me interessa a quantidade dos seus sacrifícios?", diz Javé. "Estou farto do holocausto de carneiros
> E gordura de novilhos,
> E sangue de bois;
> E não me agradam carneiros e cabritos.

Quando vocês vêm à minha presença,
Quem exige algo de vocês?
Não mais pisem meus átrios,
Trazendo ofertas inúteis;
Incenso é coisa nojenta para mim;
Luas novas e sábados, assembléias...
Não suporto injustiça mesclada a solenidades."
Assim disse Javé dos exércitos, o Deus de Israel: "Ajuntem os holocaustos que vocês queimam, com seus sacrifícios, e comam essas carnes! Pois quando tirei do Egito os antepassados de vocês, eu não falei nada nem dei ordem alguma sobre holocaustos e sacrifícios. A única coisa que lhes mandei, foi isto: Obedeçam-me, e eu serei o Deus de vocês, e vocês serão o meu povo; andem sempre no caminho que eu lhes ordenar, para que sejam felizes."

Por que a rejeição profética do sacrifício não impediu o suposto sacrifício de Jesus? Existe na Tradição Oral rabínica uma ambivalência que, a meu ver, está relacionada ao movimento de um Javé humano afeito ao jejum (conforme, evidentemente, era o caso de Jesus) a um Deus cada vez mais transcendente, que não requer nenhum sustento além de louvor e obediência.

A menos que a pessoa seja vegetariana convicta, não será capaz de convencer nem a si mesma quanto à própria sinceridade, ao deplorar o sacrifício de animais observado em tantas religiões do mundo, através dos tempos. E, uma vez que, presumivelmente, somente alguns de nós somos canibais, o sacrifício de seres humanos é questão ainda mais premente. Isso torna o sacrifício de crianças o horror dos horrores, inclusive o sacrifício de mais de um milhão de crianças judias mortas pelo povo alemão durante o Holocausto promovido por Hitler.

Recorro agora a outro estudo, de autoria de Jon D. Levenson, sob o título *The Death and Resurrection of the Beloved Son*, e subtítulo *The Transformation of Child Sacrifice in Judaism and Christianity* (respectivamente, A morte e a ressurreição do filho amado; A transformação do sacrifício infantil no judaísmo e no cristianismo, New Haven, 1993). O argumento de Levenson, a meu ver convincente, situa a fonte primeira do sacrifício de Jesus na ordem dada por Javé a Abraão, para que imolasse Isaac. O Aqedah estudado por Levenson é narrado em Gênesis 22, 1-19, passagem que sempre me deprime, a despeito da brilhante defesa do trecho feita por Kierkegaard, em *Temor e Tremor*, uma das obras-primas da ironia compostas pelo filósofo dinamarquês. Kierkegaard interpreta Abraão como um Cavaleiro da Fé que, no entanto, sabe que Isaac sobreviverá. Esse entendimento é mais luterano do que judaico, e Levenson o distingue, nitidamente, da exegese de Rashi (século XI da Era Comum), que deduzia que Abraão, profeta, foi capaz de prever que o filho escaparia. Rashi é apenas sensato, ao passo que Kierkegaard reinventa a antiga idéia cristã do "absurdo". Abraão, segundo o Alcorão, era muçulmano, e somente Kierkegaard considera Abraão cristão antes do fato (por assim dizer): "Em virtude do absurdo, ele acreditou, pois não se tratava, em absoluto, de uma questão de raciocínio humano, e seria de fato absurdo que Deus, que dele exigira o sacrifício, subitamente, cancelasse a exigência."

Minha conclusão é de que a maioria compreende mal o que Javé quer dizer com "amor" e "medo". E. P. Sanders, no livro *Jewish Law from Jesus to the Mishnah* (A Lei judaica de Jesus à *mishnah*, 1990), página 271, faz a seguinte observação, extremamente útil:

Hoje em dia estabelecemos uma distinção nítida entre "interior" e "exterior", e aqueles entre nós que são protestantes, ou herdeiros da tradição protestante, desconfiam de formas exteriores. Convém lembrar que, para os antigos judeus, "ama teu próximo" e "ama o estranho" não eram mandamentos vagos relacionados a sentimentos contidos no coração, e sim bastante específicos. "Ama" queria dizer "usa pesos e medidas justos"; "não colhas tua lavoura até o limite do campo, mas deixa um pouco para os pobres"; "não roubes, não ajas com falsidade, não mintas"; "não deixes de pagar salários devidos"; "não abuses do cego nem do surdo"; "não sejas preconceituoso em teu julgamento"; "não calunies" — e assim por diante, pelos versículos de Levítico 10, e muitos outros.

Levítico 10, supostamente, é um erro tipográfico; o correto seria Levítico 19, 9-17:

Quando vocês fizerem a colheita da lavoura nos seus terrenos, não colham até o limite do campo; não voltem para colher o trigo que ficou para trás nem as uvas que ficaram no pé; também não recolham as uvas caídas no chão: deixem tudo isso para o pobre e o imigrante. Eu sou Javé, o Deus de vocês.
Nenhum de vocês roube nem use de falsidade, e não enganem ninguém do seu povo. Não jurem falsamente pelo seu nome, porque vocês estariam profanando o nome do seu Deus. Eu sou Javé. Não oprimam o próximo nem o explorem, e que o salário do operário não fique com vocês até o dia seguinte. Não amaldiçoem o mundo nem coloquem obstáculos diante do cego; temam o seu Deus. Eu sou Javé.

Não cometam injustiças no julgamento. Não sejam parciais para favorecer o pobre ou para agradar ao rico: julguem com justiça os seus concidadãos. Não espalhem boatos, nem levantem falso testemunho contra a vida do seu próximo. Não guardem ódio contra o seu irmão. Repreendam abertamente o seu concidadão, assim vocês não carregarão o pecado dele.

Não sejam vingativos nem guardem rancor contra seus concidadãos. Amem o seu próximo como a si mesmos. Eu sou Javé.

Observem minhas Leis.

O amor de Javé é condição da manutenção da Aliança, nem mais nem menos. Não creio que Paulo tenha se enganado a esse respeito, mas Agostinho — em que pese a sua grandeza — equivocou-se ao interpretar Paulo. Jesus, no Evangelho de Marcos, segundo meu entendimento, é javista, no que diz respeito à noção pragmática do amor. Na terceira idade, começo a experimentar um certo medo do Levítico, o livro da Tanak que menos me agrada. Talvez a benevolência moral constitua um amor superior à maioria das nossas paixões.

CAPÍTULO 13 O que Javé Quer Dizer com "Amor"?

O amor de Javé pelo povo que ele escolheu depende da Aliança, sendo, portanto, condicional e revogável. É lugar-comum nos estudos do Novo Testamento observar que Paulo e Marcos não jogam Jesus contra os fariseus; o orgulho de Paulo diante do seu próprio judaísmo e do fato de ter senta-do aos pés do grande rabino Gamaliel aparece no respeito aos fariseus, antigos aliados; e, no Evangelho de Marcos, Je-sus interpreta a Lei, basicamente, a partir de parâmetros farisaicos, embora não deixe de fazê-lo ao seu próprio modo. Conquanto Paulo quase siga Jesus ao denunciar o divórcio entre homens e mulheres, ainda que Moisés houvesse legis-lado em prol da questão, o Jesus de Paulo e Marcos, certa-mente, não vê Javé divorciado do povo por ele eleito.

O maior paradoxo do cristianismo, em Lucas, João e quase tudo que os segue, é a rejeição do povo judeu, consi-derado (na melhor das hipóteses) obsoleto, e, simultanea-mente, a dependência quase total da interpretação revisionista da Bíblia hebraica. Quando Jesus, na Transfiguração, apare-ce ao lado de Moisés e Elias, tais presenças sugerem outras: Abraão, Isaac, Jacó, José, Eliseu e um exército melancólico, recrutado junto à tradição destes. Javé proclama a amada filiação de Jesus no momento do Batismo, e é vital que os precursores do Filho o reencontrem.

Não consigo me lembrar de um momento sequer em que Javé expresse amor autêntico por alguém, nem mesmo quando, em 1 Crônicas, promete a Davi que, após a morte do herói, Salomão vai merecer o amor do rei celestial, como se Salomão estivesse destinado a ser filho do próprio Deus. A implicação é de que Javé logrou não se apaixonar por Davi, que pode ser considerado o Hamlet hebreu: poeta, esgrimista, alguém que está sempre buscando, por meios trágicos mas plenamente conscientes. Não por acaso Jesus descende de Davi, embora através de um ramo mais jovem, não aquele de Salomão.

Javé, à semelhança de Rei Lear, exige uma quantidade exagerada de amor, estigma freqüente dos maus pais. Não nos é permitido vislumbrar a Rainha Lear, e falar de uma hipotética Sra. Javé constitui a blasfêmia das blasfêmias (exceto tratando-se dos mórmons). Se a chamássemos de Sabedoria, Shekhinah, Eva ou Virgem Maria, ela se tornaria a filha incestuosa, a exemplo das filhas de Lot, que talvez buscassem vingança pelo fato de o pai tê-las oferecido aos sodomitas, a fim de proteger os Anjos da Destruição. Evidentemente, Javé (até um novo *eros* surgir com a Cabala) ama Davi, mas trata-se de um amor semelhante ao de Lear por Cordélia, dotado de uma ternura que esconde irascibilidade. Ou melhor, uma vez que o cristianismo troca Javé por um Deus Pai benevolente, Primeira Pessoa da Trindade, as características de tal ternura desaparecem.

Essa lacuna entre Javé e o Deus Pai da Trindade é mais uma demonstração de que o judaísmo não é o progenitor do cristianismo. Antes disso, judaísmo e cristianismo são irmãos inimigos, ambos tendo se originado nos judaísmos do Segundo Templo, verdade que a maioria das pessoas de boa vontade procura evitar. Visto que há mais de um bilhão e meio de cristãos, e apenas cerca de 14 milhões de judeus sobreviventes que se apresentam como tal, a proporção é de mais de cem cristãos para cada judeu. O mandado de Javé aos Eleitos — "Crescei e multiplicai-vos" — é ironia terrível, em um planeta em que os judeus somam menos de um décimo de um por cento da população mundial. Trata-se da proporção de mórmons no universo, mas os mórmons contam com uma dinâmica de crescimento, ao passo que os judeus continuam a decrescer. Na realidade, o cristianismo e o islamismo, bem como as religiões asiáticas, herdarão a Terra que restar, que sobreviver ao ataque ao meio ambiente perpetrado pela plutocracia republicana norte-americana. Sou levado a concluir que Javé partiu em exílio voluntário, abandonando a Antiga Aliança, e se encontra no espaço sideral, amargando o desamor.

Uma esplêndida admoestação de Baruch Spinoza tem me perseguido há mais de meio século: "É preciso aprender a amar a Deus sem jamais esperar que ele nos ame em retribuição." Eticamente, isso tem certa pungência, mas será humanamente aceitável? Se substituirmos Deus por Hamlet, na asserção de Spinoza, esta se torna mais compreensível para mim. A definição cristã amplamente aceita — "Deus é amor" — desaparece na aura da inspirada "intoxicação" de Spinoza, se aplicarmos a caracterização que Coleridge confere ao grande moralista judeu: "homem intoxicado com Deus". Se for intoxicada com Deus, a leitora haverá de sorrir, benignamente, diante da minha preocupação, mas não estaria Spinoza falando de Javé, em vez do Deus Pai de Jesus Cristo? A família de Spinoza (marranos ibéricos) voltou para o judaísmo, no ambiente tolerante de Amsterdã, onde a sinagoga, sem dúvida motivada por uma apreensão perante os anfitriões calvinistas, com relutância excomungou a melhor mente judaica local, em decorrência de um suposto "panteísmo", em que Javé e sua criação nem sempre se distinguiam.

Não faz muito sentido dizer que "Javé é amor", ou que devemos amar Javé. Ele não é, nunca foi e jamais será amor. Muitos, se não a maioria, de nós, em algum momento, nos apaixonamos por alguém que não é capaz de aceitar amor, nem de retribuí-lo, embora ele ou ela talvez exija amor, mesmo que somente como devoção ou respeito. No trecho que vai até 1 Crônicas, Javé estabelece o modelo dessa atuação destrutiva, melhor exemplificada pela Cleópatra shakespeariana — até o quinto ato, quando ela parece se transformar, após a morte de Antônio. Assim mesmo, Shakespeare confere a Cleópatra uma natureza equívoca que constitui um desafio infindo às atrizes: como desempenhar o papel de alguém que já não sabe se está representando a si mesma? Quando Javé, porventura apaixonado por Davi, como talvez estivera com José, precursor de Davi, promete que será um pai para Salomão, pode tal promessa ser interpretada como algo que não seja dramaturgia divina?

Sei que contrario sábios do judaísmo e teólogos cristãos, mas estes têm em comum uma postura tardia em relação à Bíblia hebraica, ou "Velho" Testamento cristão. Javé, forçosamente, é imune à angústia de influência do Deus Pai cristão, mas ele exemplifica o que Paul Valéry chamava de influência da mente do poeta sobre si mesma. O Javé da Autora "J", que vitaliza trechos do que atualmente denominamos Gênesis, Êxodo e Números, é quase idêntico ao Senhor Deus de 2 Samuel, e paira como o fantasma do pai de

Hamlet, em 1 Crônicas. De todos os precursores, Javé é o mais forte e o mais implacável.

Nietzsche chamava a atenção para a tendência de o deus progenitor se tornar uma sombra espiritual, sugestão acatada por Freud (ainda que lhe negasse a origem) na obra tão maravilhosa quanto ensandecida *Totem e Tabu*, em que o totem-pai é morto pelos filhos, um bando de irmãos inimigos que canibalizam o pai temido. O ato culposo, segundo Freud, é a origem de toda religião e cultura. Não sou tão nefasto a ponto de propor que esses irmãos inimigos sejam os Deuses do judaísmo, do cristianismo e do islamismo — quer dizer, um quinteto extremamente diversificado: Adonai, o Senhor; Deus Pai; Jesus Cristo; o Espírito Santo; e Alá. A contundente especulação de Freud, no entanto, é sugestiva, até mesmo shakespeariana (como seria de esperar).

Não temos como saber o quanto de Crônicas terá sido composto pelo grande Redator da "Academia de Ezra", na Babilônia, mas é certo que o autor organizou a Tanak de modo a ser concluída com Crônicas. Inserindo Javé no palimpsesto criado a partir dos três primeiros livros do Pentateuco, o Redator (a exemplo de Homero, tão autor quanto editor) arrisca uma atenuação revisionista de Javé, mas isso é como tentar acalmar um vendaval. Javé não pode ser domesticado. Em termos shakespearianos, Javé combina aspectos de Lear, Falstaff e Hamlet: a fúria imprevisível de Lear, o vitalismo irresistível de Falstaff e a inquietação da consciência constatada em Hamlet. Diante das perguntas retóricas de Javé, ou bem nos detestamos, a exemplo de Jó, ou revidamos em vão, a exemplo do capitão Ahab criado por Melville, o mais valente e obcecado dos gnósticos.

Sabemos que, para muitos de nós, Javé continua a ser a resposta mais acertada para uma pergunta angustiante:

"Quem é Deus?" Um budista, um hindu ou um taoísta não concordaria, tampouco muitos cristãos, muçulmanos e judeus, mas a minha resposta é a de um crítico literário, e se fundamenta na força e no poder da única personalidade literária que, tratando-se de vivacidade e notoriedade, ultrapassa até Hamlet, Falstaff, Iago, Lear e Cleópatra. Traduzindo a questão em termos religiosos, o Javé de "J" é a representação mais convincente de *alteridade* transcendental que já encontrei na vida. E, no entanto, Javé não é apenas "antropomórfico" (termo inútil!), mas é mesmo absolutamente humano, e não é, de maneira alguma, um sujeito agradável — e por que deveria sê-lo? Não pretende se candidatar a cargo político, não busca a fama nem almeja receber tratamento favorável por parte da mídia. Se o cristianismo insiste que Jesus Cristo é a boa nova (asserção tornada inválida pela brutalidade dos cristãos ao longo da história), então, Javé é a "má nova" encarnada, e a Cabala nos diz que ele, com toda a certeza, tem um corpo, um corpo imenso. É algo terrível cair nas garras do Javé vivo.

Não pretendo aqui blasfemar nem ser irônico; apenas persigo algumas perspectivas inovadoras. Amar Jesus é moda norte-americana, mas amar Javé é empresa quixotesca, enganosa porque se recusa a tomar conhecimento de todos os fatos. Podemos respeitar Próspero e a ele obedecer, conforme todos os personagens de *A Tempestade* aprendem a fazer, mas somente Miranda o ama, pois ele foi, para ela, ao mesmo tempo, pai e mãe. Nos Evangelhos (exceto João), Javé é pai de Jesus somente ao modo pelo qual Abraão foi pai de Isaac, segundo a analogia de Aqedah, o quase sacrifício da criança como oferenda a Deus.

CAPÍTULO 14 ## O Filho Muito Diferente do Pai

Nietzsche, seguindo Jakob Burckhardt, distinguia entre a noção hebraica de honrar pai e mãe e a competição dos gregos pelo primeiro lugar. Jesus reverencia Javé como pai; no Alcorão, Jesus nega a Alá, ter algum dia buscado igualdade no reino Divino, muito menos supremacia.

Que significa ser igual ao Pai? Em *The God of Old* (O Deus de antigamente, 2003), James Kugel aponta uma característica por ele denominada "severidade", que resiste a qualquer definição precisa, mas que se resume à aura de Javé. A metáfora de Kugel é profundamente evocatória dos Salmos, na ênfase conferida à brevidade da nossa vida, em contraste com a de Javé. As respostas dos Salmos à pergunta "Que é o homem?" nos remetem à nossa própria insignificância, embora raramente com a voz atordoante de Javé falando do meio do redemoinho, no final do Livro de Jó. Javé ouve o que Kugel chama de "grito da vítima", mas a severidade torna a sua resposta mais problemática ainda. O Deus de antigamente, segundo Kugel, é propenso a ficar por trás do mundo, embora por vezes chegue a adentrá-lo. Tudo depende de percepção, tanto da nossa quanto daquela dos autores bíblicos.

Será Jesus Cristo, à semelhança de Javé, um Deus dotado de tal "severidade"? O cristianismo insiste que Cristo ouve o grito da vítima e intercede, quando pode. Por definição, Javé pode fazê-lo, mas muitas vezes declina de intervir. A Quaternidade populista cristã (Pai, Filho, Espírito Santo e Virgem Maria) oferece quatro intercessores potenciais e, na verdade, muitos outros — santos angélicos e anjos santificados. A severidade, dificilmente, prevalece, quando tal multidão ouve o grito da vítima. Para Kugel, a Bíblia é agora um mundo perdido, e quero aqui reafirmar o paradoxo por mim invocado em livros anteriores: o cristianismo e o judaísmo já não são religiões bíblicas, a despeito das asserções feitas. Sou incapaz de compreender o que vem a ser aquilo que tantos estudiosos cristãos continuam a denominar "teologia do Antigo Testamento". A Tanak *não tem* teologia, e Javé (repetindo o óbvio) não é um Deus teológico. A teologia foi inventada em Alexandria pelo judeu helenizado Filo, que interpretou a Septuaginta, assim como Plotino interpretou Platão. A severidade a que se refere Kugel, felizmente, não é teológica e, sem dúvida, aproxima-se das percepções de Escritura relativas a Yeshuá de Nazaré, e não, absolutamente, ao Jesus Cristo trinitário.

Javé despreza a reflexão teológica, mas é dado à teofania, ou automanifestação. Ainda que seja ilimitado, Javé aceita uma série momentânea de cerceamentos, a fim de se revelar. Exceto os aparecimentos em forma de guerreiro e tempestade, as teofanias tendem a ser atraídas a locais elevados, que não são exclusivos a Javé, mas que, evidentemente, a ele são bastante adequados, e que, portanto, estão sob o seu controle, seja no Sinai ou no Sião, onde Salomão construiu o Templo, e onde Isaías contempla Deus entronizado. Supõe-se que o trono do

Templo fosse a representação de um trono grandioso, maior, ocupado por Javé, em escala gigantesca, no reino dos céus. Será que o cristianismo espera que nós possamos visualizar o Cristo igualmente entronizado, ao lado do Pai? Tal visão apresenta dificuldades estéticas e espirituais. Mencionei antes que John Milton, talvez ousado demais ao tentar superar essas dificuldades, apresenta-nos um Cristo que comanda um ataque de Merkaba contra Satanás, em *Paraíso Perdido*, trecho que ninguém considera um sucesso poético. Nada na carreira de Jesus sugere o papel de guerreiro divino.

2

Judeus que continuam a crer na Aliança não encontram o Javé ambivalente que descrevo, assim como cristãos que acreditam que Jesus foi o Cristo contemplam uma figura bastante diversa daquela que eu enxergo. A perspectiva comanda nossa reação a tudo o que lemos, especialmente tratando-se da Bíblia. Aprendendo dos estudiosos, sejam cristãos ou judeus, ainda assim questionamos o seu condicionamento, que tantas vezes lhes sobredetermina a apresentação. É evidente que tal cautela também se aplica a mim, um crítico literário dividido entre o legado judaico e um desconforto gnóstico diante de Deus.

James Kugel, a exemplo de Kenneth Kuntz, enfatiza muito bem que, na Bíblia, não encontramos Javé; *ele* é que nos encontra. Afinal, o próprio nome sugere que a presença dele depende da vontade. Embora pareça que Javé esteve ausente ao longo dos últimos dois mil anos, Kugel registra, de modo implacável, que a situação dos israelitas não era muito melhor quando Javé, supostamente, estava de plantão. Por conseguinte, será tudo apenas uma questão de percepção, ontem e hoje? Agrada-me a observação bem-humorada de Donald Akenson: "Não posso crer que um indivíduo que goze de saúde mental possa gostar de Javé." Mas, conforme acrescenta o próprio Akenson, isso é irrelevante, pois Javé é realidade. Eu iria um pouco mais adiante e identificaria Javé com a "prova de realidade", segundo Freud, que se assemelha ao entendimento lucreciano do modo como as coisas são. Na condição de princípio da realidade, Javé é irrefutável. Todos temos de morrer, cada qual na sua hora, e não posso concordar com a crença farisaica de Jesus na ressurreição do corpo. Javé, tanto quanto a realidade, tem um senso de humor bastante ácido, mas a ressurreição do corpo não é uma de suas piadas judaicas ou freudianas.

3

O apelo inspirado pelo Senhor Jesus Cristo não pode residir em seu perfeccionismo, fator no qual ele supera os fariseus. Em vez disso, a Jesus compete oferecer uma saída diante da realidade da morte, diante do modo como as coisas são, e, portanto, diante de Javé também, que é substituído por um Deus Pai supostamente mais brando, ao mesmo tempo juiz e suicida, dependendo de como se quer interpretar a Trindade. Sem dispor de acesso ao Jesus histórico, fico atônito ante a maneira dividida como apreendo o personagem literário Jesus. O componente espiritual que tenho dentro de mim reage ao menos protognóstico Jesus do Evangelho de Tomé, enquanto, na condição de crítico literário, sou fascinado pelo misterioso Evangelho de Marcos. Mateus não repercute em mim, e Lucas e os Atos dos Apóstolos ensejam tão-somente meu ceticismo, e João me odeia e eu reajo à altura. Paulo causa-me total perplexidade, mas, em todo caso, mantém-se à margem de quem quer que tenha sido o Jesus histórico. D. H.

Lawrence tinha pavor da Revelação de João, o Divino, sentimento do qual compartilho.

Por que a maioria das pessoas, em todos os tempos e lugares, precisa de Deus ou dos deuses? Ou por que Deus precisa de nós? Essas perguntas ou não têm resposta ou costumam ser respondidas de maneira apressada. Os poetas precisam de Deus porque politeísmo é poesia. Será Javé um poema? Será o Senhor Jesus Cristo um poema? Cristo precisa (ou elege) nos amar, de acordo com a maioria dos cristãos com que me deparo, e estes elegem (ou precisam) amá-lo. Um filósofo judeu-francês popularizou a noção radical de alguns judeus pós-Holocausto, de que precisam amar a Torá mais do que a Deus. Contudo, toda a Cabala e grande parte do Talmude agregam a Torá e Javé. Será que a Torá nos ama? Quanto a mim, ignoro Javé, quando, em dados momentos, ele afirma amor pelo povo judeu. Concretamente, ele não ama o povo judeu, e isso *não* decorre do fato de termos matado Cristo; foi ele quem o matou, utilizando como agentes os romanos e alguns judeus colaboracionistas. Se Javé precisava dos judeus, ou dos cristãos, ou dos muçulmanos, ou de zoroastrianos, hindus, budistas, confucianos, taoístas etc., ao que parece, ele dependia de alimentação à base de oferendas, e desejava um bombardeio de louvores, orações, cânticos em ação de graças, além de amor desmedido, incessante. Será Javé, simplesmente, um Rei Lear cosmológico e atemporal, o patriarca dos patriarcas?

4

Pais e filhos podem às vezes ter confrontos inflamados, na literatura e na vida. Freud considerava *Os Irmãos Karamazov* o maior dos romances, embora muito se ressentisse do anti-semitismo feroz demonstrado por Dostoievski. É possível ver no Príncipe Hal uma mescla de Mitya e Ivan, com o papel do velho Karamazov dividido entre Henrique IV e Falstaff. É certo que Dostoievski aprendeu com Shakespeare, assim como Freud (com um tanto de má-fé) absorveu muito mais de Shakespeare do que de Dostoievski. Uma leitura edipiana ou hamletiana de Jesus, *vis-à-vis* seu pai celestial, nada tem de inovadora: assim é o Jesus gnóstico, incisivamente expresso por William Blake, o mais vitalista dos gnósticos: "O Filho muito diferente do Pai."

A perplexidade permanente de Javé surge do fato de não dispormos de alternativa, a não ser compreendê-lo em termos humanos, e no entanto ele transcende quaisquer termos a nós disponíveis. O caráter moral de Javé desafia augúrios, e sua personalidade é inconstante. O Jesus de Marcos compartilha dessa perplexidade, tanto quanto Hamlet. Considerar o Javé da Tanak um papel shakespeariano é inverter a ordem das coisas: William Tyndale precedeu Shakespeare, e, finalmente, começo a entender que a Bíblia inglesa, mais ainda do que Chaucer, embora em fusão com *Os Contos de Cantuária*, propiciou a Shakespeare o precedente para que seu gênio sobrenatural atuasse no processo de criação de mulheres e homens. Isso não quer dizer que Shakespeare tenha sido um dramaturgo cristão, se bem que, certamente, escrevesse para platéias cristãs. Javé sendo o modelo principal de Lear, e o Jesus de Marcos sendo o modelo principal de Hamlet, não quer dizer que as crenças do indivíduo William Shakespeare — não importa quais fossem — apareçam no palco. Entretanto, a ironia da Autora "J" é tão generalizada que não consigo ver como podemos determinar o grau de confiança (se houver confiança) que ela depositava no inconstante Javé, um Deus no qual, decididamente, não se pode confiar.

Por vezes, os deuses do Norte e do Oriente são trapaceiros, e talvez todas as divindades, inclusive Javé, tenham, em última instância, origens xamanísticas, hoje em dia quase sempre impossíveis de serem rastreadas. Outro paradoxo é que Javé oscila entre travessuras cruéis e terror moral. Quem quer que tenha escrito o Evangelho de Marcos trazia algo sempre na mente: Javé, ao mesmo tempo, alimenta e explora o que *nós* chamaríamos de narcisismo (dele). Como poderia ser diferente? As memórias que temos de nossos pais e nossas mães, se eles já faleceram, ou as experiências que temos com eles em vida, têm muitas funções, mas a principal é moderar o nosso narcisismo. Freud considera que isso constitui a formação do "sobre-eu" (superego), através da internalização dos pais. Javé, terrivelmente humano, não tem pais, ao contrário dos deuses dos gregos. Jack Miles, sempre instigante e objetivo, indaga o que faz Javé seguir adiante, visto que não tem precursores. Hamlet conta com o Fantasma e com Gertrudes, e rejeita Ofélia, que deveria ter se tornado sua esposa. Como apreender Hamlet, se o Fantasma não se manifestasse, e se Gertrudes e Ofélia já estivessem mortas?

Na leitura que faço da peça, Hamlet é incapaz de amar quem quer que seja. Será Javé capaz de amar alguém? Os Sábios insistem no amor de Deus por Israel, apesar das apostasias de Israel. Jesus, nesse particular, em consonância com os Sábios do judaísmo, tem convicção de que seu *abba* o ama, até bradar, no fim: "Pai, por que me abandonaste?" Eu gostaria de interpretar o texto de "J" e o Evangelho de Marcos como histórias de amor divino, mas não posso fazê-lo, e continuo a me perguntar: "Por que não?" Javé é, com certeza, o mais ardente dos deuses, zeloso e ciumento, mas, conforme já observei, nada nele se assemelha ao amor de Lear por Cordélia, ou de Jacó por Raquel. O amor, dizia Wittgenstein, não é um sentimento. Ao contrário da dor, o amor é posto à prova. Não dizemos: "Isso não foi uma dor verdadeira, porque passou rapidamente." Com base nesse teste, Javé não experimenta amor verdadeiro, seja por Israel, seja por toda a humanidade. Existem, mais uma vez admito, tantas versões de Jesus quanto de seres humanos. As duas únicas que me impressionam são incompatíveis entre si: os Evangelhos de Tomé e Marcos (que não é compatível nem consigo mesmo). O Jesus gnóstico preconiza percepção, e não amor; não se pode dizer que o Jesus de Marcos ame os discípulos. Se há alguma semelhança real entre o Javé de "J" e o Jesus de Marcos, deve ser o fato de ambos insistirem em confundir nossas expectativas. Pode isso ser chamado de amor? Será amor um sentimento com o qual não conseguimos, na prática, conviver? Shakespeare não conseguia conviver com Anne Hathaway, embora, nos últimos anos de vida, voltasse para casa e para ela. Javé não podia se casar, a não ser metaforicamente falando, e Jesus não se casou, o que configurava um escândalo na sua tradição. Sócrates não amava a esposa nem os discípulos, e não se pode dizer que amava Atenas. Jesus chorou por causa de Jerusalém, presumivelmente, porque amava a sua gente.

5

O grande apelo, mundo afora, do cristianismo e do seu rival, o islamismo, fundamenta-se na simplicidade da interpretação. O triunfo do cristianismo sobre o judaísmo, nos primeiros séculos da Era Comum, não teria ocorrido em bases teológicas. "Acredita que Jesus foi o Cristo e serás salvo para a vida eterna" são palavras que se mostraram irresistíveis para o povo. Mais tarde, isso foi equiparado a: "Obedece a Alá e à autoridade de Maomé, Selo dos Profetas, e serás recompensado na outra vida." A sobrevivência do javismo só seria viável em relação a algo remanescente. Não foi qualquer suposta distinção entre lei e amor que isolou o judaísmo, mas um trauma histórico permanente. Não espero que alguém aceite a minha ilação de que se apegar apenas a Javé era e ainda é arriscar um trauma perpétuo. O Jesus de Marcos, que padeceu a noite inteira antes do fim, tinha permanecido firme na devoção somente a Javé. O leitor pode argumentar que Jesus salvou um número incontável de seres humanos, mas é evidente que não pôde salvar a si mesmo.

CAPÍTULO 15 Jesus e Javé:
O Embate da Genialidade

Jack Miles identifica em Javé o suposto apropriador de toda a genialidade judaica: por conseguinte, a circuncisão torna-se a afirmação de que só Javé é a força do progenitor. O outro elemento do *daemon* grego e do *genius* romano é assim omitido: toda geração é divina e não existe *alter ego*, até Satanás entrar em cena, no início do Livro de Jó. Nos Evangelhos, Jesus é *mamzer* (ou filho natural) de Míriam, mas é gerado, diretamente, por um Javé-Zeus, que assim, pela primeira vez, cria o gênio judaico em Yeshuá de Nazaré. Quando o proclama como Messias, Pedro é identificado por Jesus como o apóstolo do *alter ego*: "Fique longe de mim, Satanás!" Jesus sabe que a genialidade que Javé lhe confere é uma sentença de morte, inescapável. Não há Bênção para Jesus, ao contrário dos Patriarcas e do Rei Davi: o último integrante da linhagem de Davi não receberá a dádiva terrena de mais vida em um tempo ilimitado. Aguarda-o somente a redenção *para os outros*.

Para todos os efeitos, será Jesus, então, o ressurgimento do gênio judaico *contra* Javé, ainda que anseie por Javé? Baseando-se fortemente em João, e não em Marcos ou Mateus, Miles, no livro *Jesus*, contorna essa contraposição por meio de uma identificação total de Javé com Jesus. Mas o procedimento não funciona, uma vez que Jesus e Javé são personalidades extremamente diferentes: "O Filho muito diferente do Pai!" Todas as teologias subseqüentes da Encarnação aperfeiçoaram a teologia de São João, mas ignoraram questões de personalidade. O personagem Stephen Dedalus, criado por James Joyce, endossa Sabélio, o herege africano, "heresiarca mais sutil, entre todas as feras da mata", defensor da tese de que o Pai era ele mesmo seu próprio Filho, eliminando assim toda angústia relativa à influência de Javé. Pretendo aqui levar adiante a heresia sabeliana, especialmente no que diz respeito à apropriação que Jesus faz da força demoníaca e geradora de Javé, o sublime do gênio judaico.

Terá importância o fato de Jesus e Javé serem personalidades antitéticas, uma vez que a teologia cristã provê um Deus em três pessoas, mas que, no entanto, possui uma só substância? Que substância? Terá Javé gerado a si mesmo? Em caso afirmativo, com quem o fez? A resposta católica difere muito das questões por mim levantadas, pois o Nascimento Imaculado constitui imagem conceitual perpetuamente popular, e Javé não tem aí qualquer envolvimento. Sempre foi difícil para a teologia cristã deslindar a relação precisa existente entre Javé e o Espírito Santo. Será mesmo possível que o sopro do Espírito Santo, por si só, ao correr as superfícies das águas, tenha dado início à criação?

"Onde encontrar a sabedoria?", pergunta que surge no Livro de Jó, pode ser aplicada também a essa matéria. Algo em mim sempre quer argumentar em favor de um Jesus gnóstico, o Cristo Anjo, conforme os sufis o chamavam, que paira tremeluzente no Evangelho de João. Esse Jesus pode ser encontrado no Evangelho de Tomé, em que a crucificação é absolutamente irrelevante. É lamentável que o Novo Testamento canônico exerça prioridade histórica em relação a todos os textos gnósticos que sobreviveram ao tempo, entre os quais os mais antigos remontam ao século II da Era Comum (exceto, talvez, o Evangelho de Tomé), e que, portanto, constituem uma revisão da Escritura Cristã, assim como revisam tanto a Tanak quanto a obra de Platão, especialmente o *Timeu*. Se existiram textos gnósticos ainda mais antigos, não os encontramos. Mas dificilmente teremos condições de saber quais tradições orais foram perdidas para sempre no holocausto que os romanos impuseram aos judeus no primeiro século, culminando na destruição do Templo, no ano 70 da Era Comum. Gershom Scholem, com autoridade avassaladora, disse-me, em diversas ocasiões, que a Cabala de Merkaba e do Homem Divino Enoque/Metatron só poderia encerrar mistérios transmitidos oralmente e que remontavam, ao menos, ao primeiro século antes da Era Comum. O que Scholem (o Milton dos estudos cabalísticos) chamava de mito de Jesus foi mais um produto das referidas tradições.

Estranhamente, sempre falta algo em todos os relatos históricos acerca do período relativo ao Segundo Templo, que cobre quase trezentos anos, desde o levante dos macabeus contra a Síria, passando pela rebelião dos zelotes contra Roma, chegando até a resistência heróica de Bar Kochba e Akiba, em Bethar, diante de Adriano, epílogo trágico ocorrido mais de sessenta anos após o fim catastrófico do Templo. Jacob Neusner, imbatível estudioso das origens judaicas, nega todos os mitos inerentes a qualquer tradição antiga que tenha ensejado o "judaísmo normativo" — isto é, o que hoje chamamos de judaísmo rabínico, talmúdico. Na simples condição de crítico literário, ouso observar que Neusner deve estar certo. Estudiosos da religião adoram teologia, mas onde Javé decide se fazer presente não pode haver teologia, porque, conforme venho argumentando, Javé não é, absolutamente, um conceito. Javé pode conter, em si mesmo, um abismo assustador, mas existe um abismo quase tão profundo entre Yeshuá de Nazaré e Jesus Cristo — entre "um judeu sem grande importância", conforme definição do padre Meier, e um ser teológico que é ao mesmo tempo "Deus verdadeiro" e "Homem verdadeiro", segundo os credos cristãos. Javé e Jesus Cristo são enigmas distintos, porém relacionados. Contudo, o que mais importa acerca do Deus da Tanak é que ele chama a si mesmo de Javé, pois ninguém mais poderia fazê-lo. Zeus usurpa o trono do próprio pai, Cronos, mas Javé não tem pai. Bereshith (Gênesis) não é um recomeço.

Se alguém não tem pai, não tem quem o ensine; Javé, forçosamente, é autodidata. Jesus tem pais, conquanto o Novo Testamento pouco se interesse por José, e Maria (Míriam) ali não apareça como a divindade exaltada em 1950 pelo papa, que proclamou que a Mãe de Deus, ao morrer na Terra, "ascendeu de corpo e alma à glória celestial". Um século antes, em 1854, havia sido proclamada a Imaculada Conceição de Maria, não o Nascimento Imaculado de Jesus (que havia muito era dogma), mas a declaração de que a Mãe de Maria também sempre fora virgem. Um cético, em 1854, ousou indagar se a avó materna de Maria também preservara a *sua* virgindade, mas os teólogos da Igreja, astutamente, sabiam quando parar.

Não estou sendo irônico, ao propor a asserção de que Maria seja mãe de Javé, porquanto a Encarnação implica Javé despojando-se de sua divindade, para morrer na Cruz, na condição de Jesus Cristo. A partir de uma perspectiva que não precisa ser contemplada exclusivamente como judaica ou muçulmana, a dimensão de mistério pagão contida no cristianismo fica enfatizada, se nos propusermos a considerar a totalidade das conseqüências da doutrina trinitária. As palavras de Tertuliano — "creio porque é absurdo" — têm sabor de história. Será a Crucificação mais Teatro do Absurdo do que drama trágico?

2

Fui precedido pelo padre Meier, ao considerar Jesus um "gênio judaico". Javé é o próprio gênio judaico — um gênio instável, mas assim é também o Jesus de Marcos, figura dinâmica, sempre se movendo em meio a multidões. Quando os norte-americanos dizem "Jesus ajuda" e "Jesus salva", inadvertidamente, invocam o sentido da raiz do nome Yeshuá, quer dizer, "Javé ajuda" ou "Javé salva". Será que Jesus e Javé têm modos diferentes de salvar? No Livro de Josué, quando Javé é guerreiro no comando dos combatentes israelitas, essa ajuda conduz à salvação da conquista. John Milton, em *Paraíso Perdido*, leva adiante tal tradição, quando o Cristo do poema comanda um ataque aos rebeldes satânicos, empurrando-os abismo abaixo, de maneira que o impacto flamejante causado pelos insurgentes no fundo do precipício cria o inferno. Trata-se de um elemento inteiramente javista, mas que não condiz com o Jesus Cristo dos Evangelhos. Conforme já mencionei, Milton, seita radical protestante composta de um único seguidor (a menos que o leitor concorde com a proposição de Christopher Hill, de que Milton era seguidor da seita fundada por Ludovico Muggleton), baixa Jesus da Cruz com uma pressa inusitada, pois se recusa a aceitar um Javé que pratica auto-imolação.

Repito que o futuro do cristianismo não está na Europa nem no Oriente Médio, mas nos Estados Unidos, na África e na Ásia. Esse cristianismo vindouro será dominado por Jesus e pelo Espírito Santo, e não pela figura do Pai. Uma separação pragmática entre Javé e Jesus torna-se cada vez maior, e Javé não sobrevive no âmbito do cristianismo, apenas na figura do Alá islâmico. O Deus agonizante passou a ser Javé, e não Jesus.

Todos os deuses envelhecem, inclusive Javé, embora a agonia de Javé talvez não seja terminal, pois o islã ainda pode vencer. Os deuses declinam, acompanhando as economias continentais, e a crescente ausência da divindade constatada na Europa pode ser sintoma do declínio final do continente em face da globalização. O Jesus Cristo do protestantismo evangélico e do mormonismo é o Deus não-escondido do mundo corporativo norte-americano.

Por que o cristianismo triunfou, desde que foi adotado por Constantino, imperador homicida, até ser aos poucos destituído intelectualmente, a partir do Iluminismo? Para o cristão de fé, não há problema: a verdade o liberta. Essa é também a resposta do islamismo. As culturas evoluem e declinam; Gibbon, ironicamente, entendeu que a queda do Império Romano foi culpa do cristianismo. Uma vez que o Império Norte-americano é cristão apenas quanto à aparência, a culpa do nosso declínio e queda haverá de ser imputada a outro réu. Chineses e hindus trabalham mais do que nós, ao passo que europeus, cada vez mais, esquivam-se do trabalho. Noruegueses, franceses e muitos outros povos, notoriamente, são adeptos do absenteísmo. Seria a persistência disfarçada do cristianismo uma espécie de ética do trabalho, herdada da vida difícil na Judéia? Ainda identificamos capitalismo com protestantismo, e idéias puritanas impregnam a nossa economia de mercado. A liderança capitalista nos Estados Unidos configura um amálgama estranho e pragmático do Jesus norte-americano e Maquiavel.

O *agon*, antigo embate grego por primazia, foi contrastado por Nietzsche com a preocupação dos hebreus com o honrar pai e mãe, a primazia dos antepassados. No embate entre Jesus Cristo e Javé, a luta é camuflada por meio da diminuição da sublimidade de Javé, da sua redução a Deus Pai. Quando o Jesus do Evangelho de João é levado a dizer — "Antes que Abraão existisse, Eu Sou" —, devemos interpretar tais palavras como indicação de que também Jesus há de se fazer presente somente quando assim desejar? Em Isaías, tanto quanto em toda a Tanak, a presença de Javé não se transforma em ausência, nem mesmo quando Javé se isola. Jack Miles, no vigoroso estudo *God: A Biography* (Deus: uma biografia), propõe que Javé se retira para o Paraíso, terminado o Livro de Jó. Esse recuo explica a angústia típica da narrativa hebraica; a pergunta da Tanak é sempre "Javé agirá?". Implicitamente, a resposta final é que ele não agirá, e que nos abandonou, talvez porque esteja enrolado nas contradições do seu próprio caráter e personalidade. Os Sábios do Talmude não concordariam com tal interpretação, mas os judeus pós-Holocausto confrontam esse enigma. O holocausto romano dos judeus, cujo primeiro clímax foi a queda de Jerusalém e a destruição do Templo de Javé, e cujo segundo clímax sucedeu à devastação ainda maior ocorrida durante a rebelião comandada por Bar Kochba, resultou no avanço e na perseverança do judaísmo rabínico. Resquícios dessa fé ainda sobrevivem, não obstante muitos de seus seguidores evitem se perguntar: ainda é possível confiar em uma Aliança que Javé, na prática, abandonou? Quem perdeu os avós nos campos alemães de extermínio haverá de confiar em um Javé que só pode ser impotente ou indiferente? O gnosticismo judaico, na minha avaliação, teve origem no holocausto perpetrado pelos romanos.

3

Volto a perguntar: o que os cristãos querem dizer quando afirmam que Deus é amor? Os secularistas, ironicamente, invertem a equação, propondo a noção arriscada de que amor é Deus. Desconheço quem ama seus inimigos e reza pelos que o perseguem. São Paulo diz que Cristo era filho do amor de Javé, enquanto o Evangelho de João insiste a todo momento que não amar a Deus é não conhecê-lo, exortação que se tornou crível.

Todavia, Paulo e João abriram o caminho através do qual a teologia cristã chegou à doutrina da intransitabilidade do Pai: a incapacidade de sentir, ou a imunidade às emoções humanas. Mas esse é o Deus platônico; não é Javé, o ciumento (ou zeloso) Deus dos hebreus. Quando Platão chega a conceituar a sua teologia, já superou a exaltação prematura do *eros* socrático. Sócrates não aparece nas *Leis*. Um Deus apático não pode ser identificado com amor. Segundo Eusébio, Orígenes, o grande teólogo, buscando a perfeição de um Deus assexuado, teria se castrado. O gnosticismo, condenado pela Igreja como heresia, pregava a intransitabilidade de Cristo, que, portanto, não sofreu, nem mesmo na Cruz. Não houve, por conseguinte, Paixão.

Orígenes e os gnósticos eram mais coerentes do que os cristãos, que afirmavam que Deus era amor, mas era também, inteiramente, transcendental, mesmo na condição de Criador. Como é possível nos amar algo que permanece assim tão distante? A resposta cristã há de ser o Perdão, em que a encarnação do amor de Deus pelo mundo e pelos seres humanos aceita o sacrifício como o único meio de reconciliar Deus e humanos, perdoando-os de todo pecado, desde Adão. Agostinho, conseqüentemente, pôde restaurar a idéia de Deus como amor ao vislumbrar Deus na condição daquele que ama, seu Filho na condição de amado e o Espírito Santo como o amor que existe entre o Pai e o Filho. Essa formulação é mais do que inventiva, embora produza novos enigmas.

4

Já citei a observação de Spinoza que mais me agrada: precisamos aprender a amar a Deus sem jamais esperar que ele nos ame. Um amor não correspondido pode trazer benefícios aos poetas, mas não à maioria de nós. Spinoza, embora marginalizado pelos concidadãos judeus de Amsterdã, intoxicara-se com Javé, e não com o Deus Pai cristão. Amar e temer Javé são a mesma coisa; não me recordo de qualquer passagem do Novo Testamento que fale de temor a Deus Pai. O Deus javista não *criou* por amor, ainda que sua motivação fosse criar um ser humano segundo a imagem de Deus. Moisés (Deuteronômio 6:15) ordena aos hebreus amar a Deus com todo o coração, toda a alma, toda a intensidade, mas não diz que o amor será recíproco; e os Sábios afirmavam que "reverência" traduzia o sentido atribuído por Moisés à noção de amar a Deus, pois o contexto desse amor é a Aliança. Isso não significa embarcar na retórica da equivocada concepção cristã da "antiga" Aliança, na qual Javé é o Nobodaddy criado por Blake. Supõe-se que o Deus Pai cristão possa ser amado sem temor, mas na realidade humana, tanto quanto na espiritual, sempre existe uma fusão entre amor e temor, mesmo entre pares.

Javé é uma personalidade desprovida de sexualidade. Para Sigmund Freud, isso não era problema, pois ele se referia a si mesmo, de bom grado, como "judeu ateu". Considero a expressão de Freud um paradoxismo; não é fácil, simplesmente, descartar Javé. Se bem que Freud é menos convincente do que nunca na obra *O Futuro de uma Ilusão*. Javé, que o islamismo chama de Alá, é hoje em dia "ilusão" bastante perigosa e, assim, constitui uma realidade tanto quanto o foi no passado. À semelhança de Javé, Alá, no Alcorão, está sempre furioso conosco, com uma fúria apenas controlada. A Aliança de Javé com Israel requer um amor reverente e leal, e oferece em troca um tipo de amor difícil de ser descrito, pois não se distingue de compaixão. "Tenho pena de você" não é o que a maioria de nós espera ouvir de alguém em resposta a uma declaração de amor; trata-se de uma resposta por demais divina, e quem poderá aceitá-la, se não for proferida por Deus?

O cristianismo interpreta a passagem do Servo Sofredor, em 2 Isaías (52, 13; 53, 12) como profecia da crucificação. Os Sábios da Lei Oral descartavam tal leitura, alguns sugerindo que o Servo Sofredor era Moisés, e outros que ele era também Jeremias, o profeta, agregado ao povo de Israel. Existe um estudo bastante útil da influência de Jeremias e de 1 Isaías em 2 Isaías, intitulado *A Prophet Reads Scripture* (Um profeta lê a Escritura) de autoria de Benjamin D. Sommer (1998). O fato de o Servo Sofredor "aceitar o destino mais prontamente do que Jeremias" (Sommer, p. 66) não diminui a dependência do profeta tardio em relação ao precoce, conforme se constata em 1 Isaías, que agrega as figuras do Servo e de Israel sofredor, conforme Sommer demonstra. Os Evangelhos, que declaram que Jesus crucificado e ressuscitado é a concretização da tradição profética de Israel, têm uma relação bem mais angustiada com Jeremias, com os dois Isaías e também com Zacarias, do que têm os profetas hebreus entre si.

Será que o amor divino assume nova dimensão, quando Javé entoa o cântico do Servo Sofredor? Nenhum sábio rabínico ou exegeta judeu da atualidade diria que sim, mas tal atitude, na prática, relega a questão à desleitura que o cristianismo faz deste poema extraordinário:

"Vejam! O meu servo vai ter sucesso,
Subirá e crescerá muito.
Assim como muitos ficam espantados diante dele —
Pois já não parecia mais gente,
Tinha perdido toda a sua aparência humana —
Assim também as nações numerosas levarão um susto.
Diante dele os reis vão fechar a boca,
Pois verão uma coisa que nunca ouviram contar
E compreenderão o que jamais ouviram."
"Quem acreditou em nossa mensagem?
Para quem foi mostrado o braço de Javé?
Ele cresceu como broto na presença de Javé,
Como raiz em terra seca.
Ele não tinha aparência nem beleza para atrair o nosso olhar,
Nem simpatia para que pudéssemos apreciá-lo.
Desprezado e rejeitado pelos homens,
Homem do sofrimento e experimentado na dor;

Como indivíduo de quem a gente esconde o rosto,
Ele era desprezado e nem tomamos conhecimento dele.
Todavia, eram as nossas doenças que ele carregava,
Eram as nossas dores que ele levava nas costas.
E nós achávamos que ele era um homem castigado,
Um homem ferido por Deus e humilhado;
Mas ele estava ferido por causa de nossos pecados,
Caiu sobre ele o castigo que nos deixaria quites;
E por suas feridas é que fomos curados.
Todos nós estávamos perdidos como ovelhas,
Cada qual se desviava pelo caminho,
E Javé fez cair sobre ele a culpa de todos nós."
Foi oprimido e humilhado, mas não abriu a boca;
Tal como cordeiro, ele foi levado para o matadouro;
Como ovelha muda diante do tosquiador,
Ele não abriu a boca.
Foi preso, julgado injustamente;
Quem seria capaz de descrever-lhe a morada?
Pois foi cortado da terra dos vivos
Por causa do pecado do meu povo, que merecia o castigo.
E a sepultura dele foi colocada com a dos ímpios,
E seu túmulo com o dos ricos —
Embora nunca tivesse cometido injustiça
E nunca a mentira estivesse em sua boca.
No entanto, Javé queria esmagá-lo com o sofrimento:
Se ele entrega a sua vida em reparação pelos pecados,
Então conhecerá os seus descendentes, prolongará a sua
[existência,
E, por meio dele, o projeto de Javé triunfará.
"Pelas amarguras suportadas, ele verá a luz e ficará
[saciado.
"Pela sua retidão, o meu servo a muitos devolverá a justiça,

Pois carregou o castigo deles;
Decerto, eu lhe darei multidões como propriedade,
E com os poderosos repartirá o despojo.
Porque se entregou à morte
E foi contado entre os pecadores,
Ele carregou os pecados de muitos
E intercedeu pelos pecadores."

O trecho em apreço contém uma ressonância que confere a Javé uma tonalidade singular, prevista em Jeremias e 1 Isaías, mas não com esse *pathos* tão preciso. O filósofo judeu-alemão Franz Rosenzweig, morto em 1929, no início da meia-idade, defendia a tese de que Deus se apaixonara por sua criação. Não encontro na Tanak qualquer indicação de que isso tenha ocorrido, mas o gênio que compôs 2 Isaías mostra-nos Javé (diante do Servo Sofredor) apaixonando-se pelo sofrido povo de Israel. O grande impacto dessa passagem do Servo Sofredor resulta de ser ela uma espécie de cântico de amor divino. Para mim, é bastante incômodo fazer tal comentário, por razões históricas e pessoais. É, para mim, um peso o fato de ser indisputável a usurpação que o cristianismo faz desse poema maravilhoso, ainda que inaceitável, a partir de qualquer perspectiva judaica.

Embora muito deva aos predecessores, 2 Isaías é poeta-profeta contumaz, e sua originalidade é assustadora, ao criar a metáfora do Servo Sofredor. É importante notar que o Servo *não* é figura messiânica no texto hebraico. O texto 2 de Isaías celebra o Rei Ciro da Pérsia, de modo bastante explícito, como o Messias, porque o propósito do profeta é convencer os israelitas acomodados na Babilônia a abandonar o exílio e retornar a Jerusalém, libertação que lhes é proclamada por Ciro, o Messias. A Diáspora Babilônica pode ser vista como extremamente similar à condição atual dos judeus norte-americanos, que jamais retornarão ao Sião. O texto de 2 Isaías não parece ter persuadido a maioria dos que viviam confortavelmente na Babilônia a optar por uma existência árdua em Jerusalém.

O Servo Sofredor é um ser plural, o povo de Israel, homens e mulheres, sendo também o profeta aflito, Jeremias. Se esse poema grandioso é um cântico de amor, trata-se de um amor difícil de ser distinguido da morte. Os cantos de Walt Whitman que fundem amor e morte são análogos evidentes. A melancólica ave marítima de "Do Berço que Embala sem Cessar" e o tordo solitário de "A Última Vez que Lilases Floresceram à Porta", em seus cantos de amor e morte, são estranhamente semelhantes ao lamento compadecido de Javé pelo Servo Sofredor, Israel. Talvez só mesmo um cristão fervoroso possa considerar que o cântico de Javé encerra uma inequívoca expressão de amor.

A Cabala transforma Javé em Ein-Sof, "sem fim", e, com ousadia, aborda a vida sexual de Ein-Sof e da amada Shekhinah, a presença feminina de Javé entre nós. Os desdobramentos barrocos que a Cabala apresenta acerca de Shekhinah partiram das prolíferas (e virtuosas) reflexões dos Sábios, nos dois Talmudes e nos *midrash*. O livro *The Sages* (Os sábios) (pp. 37-65), escrito por Ephraim E. Urbach, traz uma introdução esclarecedora da Shekhinah talmúdica. Urbach salienta que, para os grandes rabinos, Shekhinah não tinha existência própria, sendo parte de Deus, isto é, a presença de Deus no mundo. Mas essa visão foi modificada no século XI, quando surgiram referências a Shekhinah como feminina, possuindo vida própria. Na Cabala, Shekhinah experimenta grande desabrochamento, sendo comparável à Senhora Sabedoria (Provérbios 8, 22; 9, 6).

Nos Profetas, Shekhinah jamais é protagonista, e foi necessária a criatividade da Cabala para que Shekhinah fosse associada a qualquer contexto profético. O Servo Sofredor é toda a Israel, homens e mulheres, e a compaixão e a bondade que o Servo suscita em Javé não são fáceis de serem definidas; no entanto, constituem fatores centrais no que toca à diferença existente entre a atitude paternal de Javé em relação a Israel e a atitude do Deus Pai, da Trindade, em relação ao Filho, Jesus Cristo. Repito que o Servo *não pode* ser o ungido, o Messias, mas deve ser a vítima que Ciro, na condição do Messias de Javé, veio salvar.

CAPÍTULO 16 Os Sábios Judeus
acerca de Deus

Javé, sendo um Deus profundamente humano, não se presta bem à teologia, que é um modo de pensar grego e não hebreu. Conforme já observei, a natureza do Deus Pai cristão é radicalmente diversa da personalidade e do caráter de Javé. A teologia não atribui personalidade a Deus Pai, a Jesus Cristo, o Filho, ou ao Espírito Santo. Quando os cabalistas mudaram o nome de Javé (seu nome sendo tabu), chamaram-no de Ein-Sof, "sem fim". E assim ele era, e ainda é, onde quer que hoje se encontre.

O Deus dos gnósticos é chamado de Estranho, ou Deus Estrangeiro, e se afastou do nosso cosmo, quiçá para sempre. Não considero Javé nesses termos, mas talvez sua derradeira presença na Tanak ocorra como o Ancião, no Livro de Daniel (cerca de 164 antes da Era Comum). O texto é o capítulo 7, em aramaico, em que várias tiranias gentílicas se manifestam qual feras surgidas do mar, e, nos versos 9-10, contemplamos o seguinte:

Eu continuava olhando:
Tronos foram instalados,

E um Ancião se assentou,
Trajando uma veste branca como a neve,
E seus cabelos eram claros como a lã.
Seu trono era labaredas de fogo,
Com rodas de fogo em brasa.
Um rio de fogo brotava da frente dele.
Milhares e milhares o serviam,
E milhões estavam às suas ordens.
Começou a sessão e os livros foram abertos.

O cenário encerra uma estética impressionante, embora não seja dos mais javistas, pois, supostamente, trata-se da figura de Deus, presidindo uma corte celestial, conforme o vemos em Isaías ou Jó. Jack Miles, dotado de uma perspicácia exuberante, pensa que Javé se torna um ancião taciturno, que em breve há de se render à exaustão. Como ávido estudante de Javé, permaneço cético e lembro-me de que o Livro de Daniel é bastante diferente nos contextos do Testamento cristão e da Tanak. Para os cristãos, Daniel é um dos grandes profetas, comparável a Isaías, Jeremias e Ezequiel, o que constitui um exagero absurdo. Para os judeus, Daniel não é sequer um poeta menor, sendo situado nos Kethuvim, ou Escritos, entre Ester e Ezra. Segundo os manuscritos do mar Morto, os membros da congregação de Qumrã consideravam Daniel um profeta, e, por serem apocalípticos, sabiam reconhecer alguém que a eles se assemelhasse.

A Autora "J" e demais autores de sagas não eram apocalípticos, e Javé tampouco fica à vontade nesse gênero. Javé perambula pela Terra, como condiz a um intruso. Para os sábios hebraicos, aceitar um Deus desconcertante era um grande desafio, mas eles se desincumbiram da tarefa de maneira brilhante, especialmente na *mishnah* e no Talmude babilônico, obras esplêndidas. A *mishnah* codifica a Lei Oral, em que se fundamenta o judaísmo rabínico, e costuma ser atribuída ao próprio "Rabino", o patriarca Judá (cerca de 200 da Era Comum). O Bavli (o Talmude babilônico) examina toda a Torá, escrita e oral, mas é impossível de ser datado. Supõe-se que tenha sido concluído entre os anos 520 e 600 da Era Comum, e constitui leitura e estudo bastante interessantes, se comparado à desabrida *mishnah*, obra indubitavelmente grandiosa, mas que a mim deprime. Conforme observa Donald Harman Akenson, a *mishnah* é, ao mesmo tempo, hermética e "perfeita", perfeição, a meu ver, destrutiva. Em contraste, Bavli é puro esplendor, merecendo ser estudado durante uma vida inteira, mas somente segundo os seus termos próprios e rigorosos.

Não me recordo de uma passagem sequer em que a Bíblia hebraica afirme, explicitamente, que o povo judeu possa se santificar por meio do estudo; no entanto, sou um dos milhares que cresceram acreditando na necessidade da leitura e da reflexão constantes. A idéia hoje me parece platônica, tendo chegado aos rabinos de Jerusalém e da Babilônia através do helenismo. Trata-se de um enigma, o fato de que muitos dos sábios judeus, do primeiro século ao século VI, pudessem confiar na Aliança de Javé, ainda que lessem a Tanak através de lentes platônicas, por assim dizer. O Javé desses sábios permanecia um deus humano, não raro para sua consternação, enquanto se empenhavam em explicar o "antropomorfismo" divino — conceito que, conforme venho dizendo, me desagrada e que não posso aceitar nesse contexto. Os maiores sábios judeus reconheciam, claramente, que era melhor vislumbrar os Patriarcas como homens "teomórficos" do que considerar Javé um Deus "antropomórfico". Mas destituir Javé de suas inclinações e seus atributos humanos é o mesmo que adotar o Deus da teologia platônica. A despeito de Filo de Alexandria, príncipe dos alegoristas platônicos judaicos, um nome verdadeiro para Deus, de acordo com a tradição do rabino Akiba, é Ish (homem). Êxodo 15, 3 entoa, de modo magnífico: "Javé é Guerreiro, Senhor é seu nome." Javé revela-se às legiões combatentes de Josué, general de Moisés, na condição de homem, a fim de santificar e fortalecer Israel, diante da batalha — naquela época, hoje em dia e, sem dúvida, para sempre, uma vez que todos os mapas são armadilhas ilusórias que oferecem tão-somente o suicídio ao Estado de Israel. Cabe a reflexão de que nem mesmo tal suicídio aplacaria a fome do anti-semitismo francês e de outras nações européias, um anti-semitismo que consegue sobreviver mesmo no ocaso do cristianismo europeu.

O grande Akiba, verdadeiro fundador do judaísmo que ainda hoje reconhecemos (mesmo quando não podemos aceitá-lo ou rejeitá-lo, eis o meu dilema), confiava no literalismo de Javé enquanto Ish, Deus enquanto Homem, a despeito do rabino Ismael e sua escola. Javé perambula em Êxodo 13, 21, por mais que essa perambulação desagradasse os profetas. Acho cômicos os antigos exegetas que, seguindo um Javé ambulante, gorjeiam: "Ele não está caminhando!" Afinal, um Javé ativo e trabalhador, de fato, *descansa* no sétimo dia, sem dúvida, vadiando e brincando com a alma, ao modo de Walt Whitman. Na condição de espadachim, Javé precisa de repouso, a exemplo de todo guerreiro. E Javé se apresenta alegre ou zangado e, amiúde, faminto. Sensatamente, Akiba achava tudo isso bastante aceitável, mas tais idéias suscitavam em Ismael, amigo e oponente, objeções indignadas à noção de que Deus e os anjos precisassem de alimento, ainda que os repastos em Mamre e no Sinai, claramente, confirmem o apetite de Javé.

Para a maioria dos ocidentais, ou Deus é algo pessoal ou então algo que não faz a menor diferença. O Uno neoplatônico talvez conte com um punhado de seguidores eruditos, espalhados pelo mundo, mas não serão mais do que um punhado. Os católicos rezam para Jesus e para a Virgem Mãe Abençoada, mas raramente para Deus Pai e o Espírito Santo. Os norte-americanos que abraçam a religião, sejam protestantes ou católicos, conversam com Jesus; se forem pentecostais, sentem-se imbuídos do Espírito Santo. Javé, chamado de outros nomes, ainda é alvo das orações dos judeus, e, com o nome de Alá, é alvo das preces dos muçulmanos. Para todas essas pessoas, Deus precisa compreender, e até mesmo compartilhar, muitos sentimentos humanos, ou seria reduzido à irrelevância.

Filo de Alexandria, mesmo que tenha sido o místico descrito por Erwin R. Goodenough, escandalizava-se com o Javé humano que consta da Tanak. Isso explica o porquê de Filo ter sido ignorado pelo judaísmo rabínico, tendo sobrevivido, para todos os efeitos, na condição de teólogo estranhamente adotado pelo cristianismo. Que fariam os judeus, diante da asserção de Filo, de que Javé "não é, absolutamente, suscetível à paixão?".

O literalismo javista de Akiba permanece revigorante, pois contribui para a preservação da extraordinária personalidade de Jesus (sem falar na personalidade do próprio Akiba). O que hoje denominamos judaísmo, em qualquer de suas variações, continua a ser, basicamente, a religião de Akiba, personalidade dominante (não caberá outra palavra) na *mishnah*, e mestre dos grandes sábios (especialmente, Judá ben Ilai e Meir) aqui mais citados. Apesar de alguns estudos recentes, não encontro motivo para duvidar da tradição histórica segundo a qual Akiba (40-135 E.C.), já idoso, foi martirizado pelo imperador romano Adriano, após a derrota do heróico Simão Bar Koziva, a quem Akiba proclamara Messias, e que passou a ser chamado de Bar Kochba ("filho da estrela", ver Números 24, 17). A rebelião liderada por Bar Kochba (132-135) alcançou escala gigantesca, fazendo parecer pequena a guerra judaica e a destruição do Templo, e o literalismo javista de Akiba foi levado às últimas conseqüências, ao martírio.

O literalismo de Akiba conta com um monumento singular, no célebre *Shi'ur Komah*, brilhantemente analisado por Gershom Scholem, no ensaio que empresta seu título ao livro *On the Mystical Shape of the Godhead* (Sobre a forma mística da divindade, 1991). Conquanto não disponhamos de manuscritos do *Shi'ur Komah* anteriores ao século XI, a tradição oral atribui esse livreto surpreendente ao próprio Akiba, que viveu novecentos anos antes, e, certamente, a obra é consoante com os ensinamentos dele. *Shi'ur Komah* significa algo como "a medida do corpo", que, nesse caso, por incrível que pareça, é o corpo do próprio Javé. Quando quer que tenha sido composta, a obra é grotesca, apresentando um Javé imenso, um gigante cósmico, em altura, extensão de braços e pernas, traços faciais e passadas. Akiba apreciava muito o Cântico dos Cânticos, de Salomão, canonizado, exclusivamente, devido à insistência do heróico rabino, mas o Cântico dos Cânticos é imitado de maneira canhestra em *Shi'ur Komah*, que não passa de um amontoado de fragmentos esotéricos, em vez de ser um conjunto sublime e bem estruturado de poemas de amor. É no *Zohar*, obra central da Cabala, composta por Moisés de Leon e seu círculo, na Espanha medieval, que as proposições simplórias de *Shi'ur Komah* tornam-se objeto de elaborações extraordinárias.

2

A criação, de acordo com os Sábios, tem por objeto simples o humano: Javé não teve outro propósito. E Javé foi monístico em sua abordagem: o homem hebreu não se divide em corpo e espírito, mas é "alma vivente". O dualismo paulino, que, afinal, resulta na separação cartesiana entre mente e corpo, é platônico e não judaico. Supostamente, o Deus Pai cristão, ao contrário de Javé, não tem um corpo, exceto no mormonismo. Não me recordo de um trecho sequer em que Deus Pai se repaste como o faz Javé, em Mamre e no Sinai. Vejo pouca diferença entre o Deus de Platão, nas *Leis*, e a divindade do cristianismo, e menos diferença ainda entre o Motor Imóvel, de Aristóteles, e o suposto Pai de Jesus Cristo, embora o Deus de Aristóteles pouco se importasse conosco, e a divindade cristã sacrifique o próprio Filho para nos salvar. "Pessoa desprovida de personalidade" seria uma descrição inaceitável de Javé, mas condiz bem com a Primeira Pessoa da Trindade. O Deus de Santo Agostinho não fica, de modo algum, distante daquele de Plotino, que modificou a teologia de Platão, ao criar a doutrina da Alma do Mundo. Platão nos instava a "libertar a alma e separá-la do corpo". Plotino e Agostinho obedeceram, de bom grado; os Rabinos Sábios, não.

Qualquer religião que suprima, inteiramente, o "antropomórfico" também se desvia de Javé, que é *homem* da guerra e de muito mais. O rabino Akiba, conforme já vimos, insistia que Deus era, literalmente, Ish, um homem. O aspecto de Jesus, como "homem verdadeiro", é reconciliável com essa noção, mas o "deus verdadeiro" não é, pois esse Deus era mais o Deus de Platão do que o de Moisés.

CAPÍTULO 17 O Exílio Voluntário
de Javé

Javé é tão enigmático que a sua criação do homem, da mulher e do mundo pode ser vista como um exílio voluntário. Essa idéia não é minha; é cabalista, e talvez remonte a antigas especulações gnósticas sobre uma crise íntima observável no próprio criador, crise que passo a descrever neste capítulo. O ato mítico denominado *zimzum* — o auto-exílio divino — é mencionado nos textos cabalistas medievais e assume posição de centralidade ao longo do século XVI, no trabalho do mestre da Cabala, Isaac Luria, que, durante uma jornada em Safed, na região norte da Palestina (então dominada pelos turcos), ensinou uma Cabala gnóstica, muito influente desde então. Shaul Magid, no livro *Beginning/Again* (Começando de novo, 2002), propõe que *zimzum*, metáfora que expressa a "contração" ou "isolamento" de Javé em relação a si mesmo, e que lhe permite pôr em marcha a criação, vem a ser um mito de origem do próprio Javé.

O mistério de Javé reside no fato de ele se autodenominar a presença que pode optar por se fazer ausente. Tanto as glórias quanto as catástrofes da história judaica dizem respeito a um Deus que se exila, afastando-se do compromisso com a Aliança. Será esse afastamento o preço final da criação? O comentário talmúdico (até onde eu sei) reflete sobre Javé *antes* do ato da criação, o que deixa a Cabala livre para fazer suas especulações.

A palavra *zimzum* deriva de um verbo que significa "inspirar profundamente". Javé tinha problemas de respiração, e em conseqüência de tais problemas criou o nosso cosmo. Kafka dizia que somos um pensamento de Deus, surgido em um momento de mau humor. Se prendermos a respiração até ficarmos tontos, constataremos que teremos grande dificuldade de pensar.

Poucos momentos da literatura são tão memoráveis quanto o ato de Javé, descrito em Gênesis 2, 4-7, obra da Autora "J" — mais até do que a Criação Sacerdotal, em Gênesis 1 a 2, 3. Não estamos na Babilônia, cinco séculos mais tarde; estamos, provavelmente, no reino de Salomão, cerca de mil anos antes da Era Comum:

> Quando Javé fez a terra e o céu, ainda não havia na terra nenhuma planta do campo, pois no campo ainda não havia brotado nenhuma erva: Javé não tinha feito chover sobre a terra e não havia homem que cultivasse o solo e fizesse subir da terra a água para regar a superfície do solo. Então Javé modelou o homem com a argila do solo, soprou-lhe nas narinas o sopro da vida, e o homem tornou-se um ser vivente.

Quão deliberada é a criação do homem a partir da *adamah*, argila avermelhada? A descrição acima faz lembrar uma criança que modela um boneco de lama e, em seguida, com um passe de mágica, sopra-lhe a vida. É preciso deduzir os motivos que levam Javé a estender a brincadeira, no intuito de criar um cosmo que acomodasse Adão. Ao fazê-lo, Deus aceita a autolimitação: o mundo por ele criado é uma realidade que dele se encontra divorciada. É possível considerar essa separação como uma expansão, e não uma retração, mas logo Javé demonstra certa ansiedade diante do ato praticado. No texto de 2 Samuel, livro contemporâneo à obra javista (se não for também escrito por ela), relata que Deus concedeu aos anjos a capacidade de conhecer o bem e o mal. De algum modo, a serpente obteve esse conhecimento, o que contribuiu para a interpretação errônea que o cristianismo faz do Anjo Caído. Mas a expressão "de algum modo" não se aplica ao ímpeto de ansiedade observado em Javé, quanto à possibilidade de Adão comer o fruto da Árvore da Vida e se tornar um dos Elohim, ou anjos. Pela primeira vez, tomamos conhecimento da violenta imprevisibilidade de Javé.

Ao criar o humano, Javé se tornou mais humano ou, inadvertidamente, revelou que já era bastante humano. *Zimzum* é um ato de capacitação, no qual, paradoxalmente, Deus multiplica por retração. Não somos informados por que (ou mesmo se) Javé aceita a autolimitação, embora, desde sempre, manifeste ambivalência diante de suas criaturas. A força peculiar da Cabala é aventurar-se onde o Talmude e a teologia filosófica não ousaram avançar, na duplicidade ambígua da personalidade de Javé, que, a um só tempo, defende a nossa existência e é por ela consternada. A exegese que evita o esoterismo também evita os enigmas da criatividade divina.

A Tanak não nos oferece o relato da origem de Javé. Não tem pai nem mãe, e parece rolar das páginas de um livro talvez escrito por ele próprio. É possível que ele tenha escrito antes de falar, e que tivesse de formar um público que o lesse e ouvisse. Se for esse o motivo escuso que o levou a arriscar a criação, Javé difere apenas em grau, não em espécie, de qualquer autor que conheço.

O impulso criador de Deus deve ter algum propósito menos narcisista, se bem que me persegue a observação irônica de Freud, de que é necessário se apaixonar, para que o ego não se sufoque de tanto contentar a si mesmo. Mas, conforme já ressaltei, ainda que tenha se apaixonado pelo Rei Davi, não se pode dizer que Javé manifeste mais do que um sentimento de aliança em relação ao povo de Israel, quando tal povo lhe demonstra suficiente lealdade e submissão. O acesso de ciúme de Javé, similar ao de Otelo, provocado pela prostituição de Israel diante de deuses estranhos, é superado, em muito, pela ira, similar à de Lear, provocada pela ingratidão do povo. Ainda assim procede a pergunta: por que Javé arriscou sua misteriosa liberdade, ao cometer o equívoco de exílio voluntário que foi a criação?

A Cabala é importante porque ousa apresentar diversas respostas a essa questão das origens. Com profundidade, a Cabala tardia, ou "regressiva", de Isaac Luria, volta a colocar Javé à disposição para o seu próprio sofrimento e para o nosso. Segundo essa tradição, existe vida sexual (Freud diria "impulso") *no âmago* de Javé, fator competentemente interpretado no livro *Kabbalah and Eros* (Cabala e Eros, 2005). Ao impulso de vida, Freud justapõe o impulso de morte, especulação radical que anima o elegante estudo *Além do Princípio do Prazer* (1919). Agrada-me a noção de que, enquanto trabalhava nesse livro, Freud tenha contemplado brevemente a idéia alarmante de que o impulso de morte fosse alimentado pela *destrudo* (energia negativa), como complemento da libido na ordem vital. Felizmente, o Grande Conquistador (conforme ele gostava de se chamar) descartou a *destrudo*, por ser por demais dualista. Caso contrário, andaríamos por aí falando desse "combustível", assim como nos convencemos de possuir a libido, energia sexual distinta, que, de fato, não existe.

Mesmo se, na condição de freudianos bons ou maus (não dispomos de outras opções), atribuirmos uma libido a Javé, não teremos avançado muito na explicação de seus motivos para implementar (e estragar) a criação. *Zimzum* é metáfora gloriosa para a labuta de Deus, ao quebrar os veículos por ele concebidos para receber sua luz perigosa, veículos que foram incapazes de conter a exuberância criativa de Javé. É nessa exuberância, na extravagância da simples existência de Javé, que a Cabala de Luria deposita, com sutileza, a gnose subversiva que, para alguns de nós, ilumina parte da escuridão visível da Bíblia hebraica.

No Ancião Edda, figura da mitologia nórdica, o grande deus Odin dependura-se na Yggdrasil, a Árvore do Mundo, durante nove dias e nove noites, a fim de obter o conhecimento das runas. Adquirindo esse saber, Odin espera (em vão) escapar do crepúsculo dos deuses, previsto pelas runas. Terá Javé pleno conhecimento do futuro? Estará esse conhecimento disponível a quem quer que seja — a alguém que não se lembre do passado? Javé desafia qualquer antecipação. A história antiga de Javé foi registrada pela Autora "J"; o desafio reside na pré-história de Deus. O Nabucodonosor de Kierkegaard, restaurado à condição humana após ingerir relva qual um bovino, indaga: quem conferiu sabedoria a Javé? Mas Javé, antes dos Provérbios atribuídos a Salomão, não era um Deus sábio.

A fábula de Isaac Luria que trata de *zimzum* e *shevirat ha-kelim*, a Quebra dos Vasos, revela o segredo de Javé: para poder criar, Deus teve de se diminuir. Um movimento triplo — auto-exílio, Quebra dos Vasos e a subseqüente *tikkun* (restauração ou redenção) — define a vida interior de Deus, e é improvável que tenha iniciado com Gênesis. Perguntar qual é a origem da origem parece absurdo, mas por que, então, consideramos coerente a Morte de Deus, seja no sentido nietzschiano ou cristão, e não o nascimento de Javé? Os cristãos reverenciam o nascimento do Menino Jesus, e a descida do Espírito Santo, mas teólogo algum especula acerca da origem do Pai Santificado.

Se o facho de luz da Bíblia hebraica tradicional e seu espelho (a Bíblia de Javé) haverá de constituir uma perfeição que destrói (Gershom Scholem) ou absorve (Moshe Idel), seja lá como for, a Cabala existe para receber essa luz. A própria recepção configura mais Quebra dos Vasos — e, portanto, altera a criação, ao destruir mundos anteriores. Não sendo cabalista, busco na dialética da criação segundo Luria algo que os poetas fortes buscaram e encontraram em Platão, inimigo confesso de Homero. Chamemos de caminho incerto para a transcendência, ou de trilha do auto-exílio de Javé, esse objeto de busca.

Luria inicia a doutrina da criação invertendo o mito neoplatônico da emanação, comum a toda a Cabala por ele herdada. O nome de Javé é por demais santificado para os cabalistas, assim como o foi para os Sábios do Talmude, que (de modo geral) o chamaram de Adonai. Os cabalistas, porém, chamaram-no de Ein-Sof ("sem fim"), enfatizando-lhe a natureza infinita e misteriosa. Antes das revelações de Luria, em Safed, Ein-Sof criava por meio de emanações destinadas ao mundo, enquanto este era por ele criado. Contudo, em uma mudança radical e ousada, Luria passou a enfocar a vida interior de Deus.

Luria não inventou o *zimzum*; tomou o conceito emprestado do mestre, Moisés Cordovero, de Safed, que, por sua vez, herdara o conceito da tradição, tanto da tradição talmúdica quanto da cabalista. Mas Luria, de modo extraordinário, reinventou o *zimzum*, assim como Shakespeare herdou o humano, o eu interior, de Ovídio, Chaucer e das traduções bíblicas protestantes feitas por Tyndale, e, em seguida, o remodelou. Jamais saberemos se Shakespeare, a exemplo de seu pai, era dissidente católico, mas a dependência de Shakespeare em relação à Bíblia protestante sugere o contrário. Isaac Luria, o Leão sagrado de seu povo, foi um santo místico, e não um rebelde, mas devia estar ciente do potencial subversivo inerente ao redimensionamento do *zimzum*, de tropo rabínico neoplatônico à abertura gnóstica de um abismo contido em Javé, um vácuo similar à nossa própria sensação de vazio e sofrimento.

Toda a exegese judaica, desde Hillel e Yeshuá de Nazaré, passando pelo Talmude e pela Cabala, até o *Kusari* de Judá Halevi e Maimônides, talvez culminando em Kafka e Freud, pode ser considerada uma série de iniciativas que visam a abrir a Tanak ao sofrimento histórico do povo que Javé escolheu como seu. *Zimzum*, conforme o processo pode ser interpretado, parece sugerir que o sofrimento judaico tem início no próprio Javé, em seus atos de criação. O termo original, em todas as acepções rabínicas, significa que Deus deve se voltar para si mesmo, a fim de pôr em marcha a criação. Luria situa a criação-catástrofe na Quebra dos Vasos, que não foram capazes de abrigar o rigor das luzes do julgamento de Javé. Mas isso foi a *nossa* catástrofe; o *zimzum* foi a catástrofe de Deus.

Na campanha da criação, Javé começa *recuando*. Porventura o Guerreiro Divino, astuto no combate contra as forças do caos, tenha feito uma retirada estratégica. Luria é infinitamente sutil, mas o mesmo pode ser dito acerca da Antiga Doutrina Rabínica de Deus. Lawrence Fine, em um livro bastante útil, *Physician of the Soul, Healer of the Cosmos* (Médico da ama, curandeiro do cosmo, 2003), ao perseguir as fontes do próprio Luria, delineia as trilhas de Scholem e Idel. Em um dos *midrash* rabínicos, em Êxodo 25, 8-10, Javé restringe a si mesmo, e pouco se faz presente, a fim de caber na arca portátil da Aliança. Haverá alguma diferença pragmática entre essa redução ao papel da esposa (*à la* Jane Austen) e o recuo que Isaac Luria confere a Deus? Scholem insistia que sim, mas será que essa diferença "faz diferença"?

Em termos freudianos, conforme certa vez sugeri a Scholem, o *zimzum* pré-cabalista pode até parecer a comédia sinistra do superego de Javé empurrando o ego divino, noção que o ilustre Scholem descartou com desprezo. Freud, escreveu Kafka, foi o Rashi das angústias judaicas contemporâneas, pilhéria que Scholem se aprazia em me contar. Fine, com perspicácia, aponta outro *midrashim*, em que Deus se restringe ao Santo dos Santos, no Templo de Jerusalém. Ein-Sof quer dizer "sem limites", mas cada ato de um Javé excessivamente humano envolve renovada limitação.

O gnosticismo, judaico e gentio, falava da degradação divina, de uma fissura aberta no "cosmocrator" demiúrgico. A rebelião gnóstica, literária até o coração das trevas, agregou o *Timeu* de Platão ao Gênesis, fusão amargamente irônica que Hans Jonas denominou "intoxicação do inaudito", na verdade, um renovar criativo. Scholem e Idel, atuando de maneira contrária, propõem que o gnosticismo foi apenas uma repetição tardia de especulações judaicas arcaicas e, na realidade, os exemplos pré-cabalistas de *zimzum* confirmam as intuições de Scholem e as insinuações exploradas por Idel. Valentino de Alexandria, que cristianizou o gnosticismo, parece-me tão judaísta quanto Jesus, seja no eloqüente *Evangelho da Verdade* ou nos fragmentos de poemas que até hoje constituem o Sublime literário da tradição gnóstica.

O grande Nahmânides (1194-1270) foi, em seu tempo, a principal autoridade espiritual do judaísmo espanhol, e, ao se voltar para a Cabala, ele tornou possível àquele suposto esoterismo conquistar adeptos, primeiramente, na Catalúnia, depois, em Castilha. *Zimzum* foi transplantado dos *midrash* para a Cabala por Nahmânides, e o conceito se ampliou tanto que, cerca de um século mais tarde, Shem Tov ben Shem Tov cita, de um precursor anônimo, a maravilhosa transformação da criação:

> O Nome, nosso Senhor, bendito seja, Ele que é Uno, Singular e Especial, porque todos dele necessitam, e Ele não precisa de ninguém, sua sapiência está com Ele, e fora dele não há nada. E Ele se chama Aleph, a primeira de todas as letras, correspondendo ao fato de Ele ser Uno [...] e como Ele inovou e criou o mundo? Como um homem que contém o próprio espírito e o concentra, e o mundo permanece nas trevas; e, em meio às trevas, Ele partiu rochas e esculpiu rochedos, a fim de extrair os caminhos denominados "Maravilhas da Sabedoria"; eis o sentido do verso: "Das trevas, Ele fez a luz"; eis o segredo das palavras: "fogo tenebroso sobre fogo branco"; eis o segredo das palavras: "pela frente e pelas costas".

Moshe Idel, na obra *Absorbing Perfections: Kabbalah and Interpretation* (Absorvendo imperfeições: Cabala e interpretação, 2002), diz que essas "trevas" vitais resultam de uma espécie de escavação divina (p. 53). O respectivo trecho me perturba porque Deus inspirou, com o propósito de criar matéria a partir da qual pudesse esculpir rochedos, transformando-os em caminhos de sabedoria que jamais serão trilhados por nós.

Em Moisés Cordovero, o conceito de *zimzum* está presente, mas não é central. Afastando-se do mestre, Isaac Luria apreendeu, para sempre, essa metáfora. E, no entanto, consta que Luria tenha escrito apenas uma obra menor, um comentário cordoveriano acerca de uma seção do *Zohar*. A Especulação Luriânica (se assim pudermos chamá-la) integrava a tradição oral, comunicada a diversos discípulos, que não concordam em vários pontos. Figura messiânica, Luria permanece um mito da tradição judaica. Quatro grandes discípulos divulgaram-lhe os ensinamentos: Hayyim Vital, José Ibn Tabul, Moisés Jonas e Israel Sarug. Alguns dos problemas quanto ao reconhecimento da visão "autêntica" de Jesus se repetem em relação a Luria, outro "filho de José" messiânico.

Javé é minha questão, e não Luria, mas busco apreender o abismo existente no interior da Tanak de Javé recorrendo à revisão radical que Luria realiza de Javé como criador. Conforme ocorre quando leio o Walt Whitman de *Folhas de Relva* (obra na qual Scholem identificou analogias fascinantes com a Cabala), não consigo separar o literal do metafórico em Isaac Luria. Para aquela consciência excelsa, que conversava com os Sábios nos túmulos em Safed, tal distinção não existia, enquanto Whitman quer que os leitores distingam por si mesmos o literal do figurativo.

Luria é tão sutil nos ensinamentos orais que talvez já não possamos apreender-lhe a visão de criação, desastre e redenção, embora Lawrence Fine, generosamente reconhecendo os gigantes da erudição cabalista (Scholem e Idel), a meu ver, constitua um avanço diante de tudo que o precedeu.

O mito cosmológico ensinado por Isaac Luria é, sem dúvida, a história mais sofisticada de toda a tradição judaica. O mito não apresenta, absolutamente, qualquer semelhança à simplicidade breve e elegante do relato bíblico da criação, e mesmo comparados ao mito cosmogônico da Cabala espanhola, os ensinamentos de Luria são extraordinariamente intricados. Ainda que tenhamos a tendência de pensar o mito da criação em termos de um relato único e coerente, capaz de ser narrado como qualquer história simples, os ensinamentos mitológicos de Luria não chegam a nós com tais características. Antes, constatamos uma série aparentemente infinda de noções que apresentam extrema complexidade, amiúde apresentadas por múltiplos autores e editores, em versões fragmentadas e contraditórias. (p. 124)

Conforme observa Fine, o problema tem a ver tanto com a intensidade dialética de Luria quanto com as versões contraditórias apresentadas pelos discípulos. O que me fascina, e constitui uma percepção crucial acerca de Javé, é que Luria entendia o *zimzum* como um processo *perpétuo*, alimentado por cada inspiração e expiração do sopro divino. Imaginemos que, cada vez que prendemos a respiração e, em seguida, expiramos, estaríamos criando e destruindo um mundo.

Morto aos 38 anos, Luria pode ser considerado um gênio poético cuja obra foi interrompida, mas o que nos restou de seus ensinamentos, por mais distorcidos que se encontrem nas diversas versões dos discípulos, continua a iluminar toda especulação religiosa subseqüente. Neste livro, recorro ao mito de criação pensado por Luria, a fim de aplicá-lo, diretamente, ao mistério de Javé, propósito reconhecidamente ridículo, em mais de um sentido da palavra "ridículo". Os profetas do judaísmo (a mim contemporâneos) que aceito com toda a sinceridade são Gershom Scholem (1897-1982) e Moshe Idel (nascido em 1947). Scholem, no estudo "Dez Aforismos sobre a Cabala" (publicado pela primeira vez na Alemanha, em 1958), insiste que *toda* tradição espiritual autêntica é misteriosa, e que os discursos oral e escrito protegem os mistérios com mais eficácia do que o faz o silêncio. Uma vez que Javé é a própria Torá, esta obra será tão incognoscível quanto Deus. De acordo com Scholem, as doutrinas de Luria são verdadeiras, literal e metaforicamente; por conseguinte, Javé está sujeito à degradação divina, conforme estabelece a especulação gnóstica valentina, ou o herege *Tratado sobre os Dragões,* de autoria de Natan de Gaza. Deve haver um abismo na vontade de Javé, pois, sem um momento negativo no ato da criação, Deus e o cosmo se fundiriam. A Lei (Torá), vista à luz da Cabala, é antinomiana, mas até mesmo a Cabala foi desfigurada pela sua própria teoria neoplatônica de emanação, em que a plenitude divina transborda. Isso foi corrigido pela gnose de Moisés Cordovero e Luria, em que Javé e sua vontade divina se aproximam, mas não coincidem. Até mesmo Javé precisa ser contemplado a partir do nosso posicionamento pessoal; portanto, o *tikkun* mágico (ou restauração) proposto por Luria não é mais nem menos válido do que o messianismo utópico, marxista do maior amigo de Scholem, o crítico Walter Benjamin. E, visto que "pode ser pronunciado, mas não expresso", o nome de Javé precisa ser mediado pela tradição, para podermos, ao menos, ouvi-lo, e somente fragmentos semi-ocultos do nome verdadeiro podem chegar até nós, tão insondáveis quanto os fragmentos de Franz Kafka (que, segundo Scholem, foi herdeiro secular da Cabala), cujos escritos têm para nós "algo da luminosidade forte do canônico, daquela perfeição que destrói".

Sendo Javé, a Torá não pode ser lida, e nem mesmo a sua primeira Autora, "J", ou a Javista, é menos esotérica do que Luria. Eis meu ponto de partida para desafiar os estudos bíblicos: buscar o *zimzum* já implícito na saga da Javista. A crítica literária, conforme por mim praticada, consiste em transformar o implícito em algo que precisamos experimentar explicitamente. Mas, em primeiro lugar, quero resumir as idéias de Luria acerca da criação, seguindo, principalmente, a orientação de Scholem e de Lawrence Fine.

Qualquer concentração da presença arrasadora de Javé, para todos os efeitos, deve ser também uma contração, ou não haveria realidade, exceto a realidade de Deus, e tampouco existiria o mal. Terá Javé se cansado da sua própria severidade e buscado umas férias da realidade? Tal noção é um tanto ousada, mas é sempre bom lembrar que Javé é um deus humano e não uma entidade teológica. Javé não leu Platão.

Abandonada no vazio causado pelo *zimzum*, uma essência da severidade crítica de Javé, ironicamente, produziu o primeiro Golem, um monstro pré-humano composto de matéria inane. A exemplo de Walt Whitman, as ansiedades de Javé são apenas superficiais. Quiçá por inconformismo estético (pura conjectura minha), Javé não disparou um raio de luz no miserável Golem, assim criando Adão Cadmo, o andrógeno e primeiro ser humano? Se aplicarmos essa idéia ao relato que a Autora "J" faz da criação, uma nova perspectiva se abre diante de nós, tratando-se de Gênesis 2, 7:

> Javé modelou Adão com a argila do solo, soprou-lhe nas narinas um sopro de vida, e o homem tornou-se um ser vivente.

Na visão de Luria, começamos qual o Golem e, em seguida, a mão e o sopro de Javé nos moldaram. Mesmo após inspirar fundo (*zimzum*), Javé ainda dispunha de fôlego com que nos conceder a vida. Scholem, refletindo sobre o mito luriânico, identificou metáforas do exílio sefardita a partir da Ibéria, mas Idel, sutilmente, lembrou-nos de que Luria era asquenaze, e Fine ressalta que, no século XVI, Safed já era uma comunidade de comunhão mística, antes do advento de Luria como inspiração messiânica. A genialidade de Luria conferiu-lhe uma percepção nova e única da mente de Deus. Isso me faz pensar se o relato luriânico da criação não pode nos oferecer idéias perpetuamente renovadas da personalidade e do caráter de Javé, assim como o Evangelho de Marcos me parece o texto em que os enigmas de Jesus são mais bem explorados.

Segundo Luria, Ein-Sof origina-se de absoluta solidão de luz. Os escritos de Ronit Meroz, em sua maioria ainda não disponíveis em língua inglesa, são os mais completos que já vi no que concerne à criatividade de Luria, e recomendo, enfaticamente, o ensaio de Meroz intitulado "Faithful Transmission Versus Innovation" (Transmissão fiel *versus* inovação) acerca de Luria e seus discípulos, impresso nos *Anais* de um congresso internacional realizado em comemoração ao qüinquagésimo aniversário da publicação do clássico escrito por Scholem — *Major Trends in Jewish Mysticism* (Principais tendências do misticismo judaico). Lawrence Fine, concedendo o devido crédito a Meroz, apresenta uma avaliação lúcida do mito luriânico, nas páginas 124-49 do livro *Physician of the Soul, Healer of the Cosmos*, conteúdo ao qual recorro adiante.

Por que Javé opta por abandonar sua existência solitária e luminosa? Embora Luria, explicitamente, não o diga, o mito por ele criado me leva a indagar se a luz solitária não teria se tornado perigosamente opressora para um Deus sem fim, ilimitado em auto-suficiência. Javé é, singularmente, um deus humano, mas a esse respeito explanarei no próximo capítulo, que versa sobre a psicologia de Javé.

O que há de mais perturbador sobre Javé é a atitude bastante ambivalente que ele demonstra diante da sua própria criação. Para um Deus todo-poderoso — ao contrário de Zeus e Odin —, Javé mostra-se perpétua e surpreendentemente aflito. Todo leitor da Bíblia compreende logo que os atos de Deus não são previsíveis. A meu ver, a extraordinária utilidade explicativa da Cabala, e de modo especial, da Cabala de Luria, advém da identidade praticamente total entre Javé e *zimzum*. Como metáfora, *zimzum* talvez pareça um candidato estranho à fusão com o divino, mas embora Javé seja tão literal quanto a vida e a morte, é também figurativo, até mesmo em seu nome; por conseguinte, *zimzum* é, ao mesmo tempo, inalação literal do sopro da vida e imagem de algo que desafia a descrição lingüística, a catástrofe-criação inicial de um abismo primordial operada por Deus.

Reprisar o argumento sinuoso contido no ensaio de Gershom Scholem "Dez Aforismos sobre a Cabala" serve para esclarecer o propósito de buscar um novo entendimento quanto às ambigüidades de Javé. À semelhança de todas as tradições autênticas que lhe dizem respeito, Javé continua a ser o Deus oculto, protegido pela Tanak, os dois Talmudes e a Cabala. E, uma vez que o próprio Javé é a Torá, os Talmudes, o *Zohar*, e toda a Lei Oral, de Moisés a Isaac Luria, tudo isso é, em última instância, tão incognoscível quanto Javé. Esse fato separa a gnose judaica de Basílides, Valentino e todo o gnosticismo que os seguiu, inclusive o sufismo xiita, o catarismo cristão e grande parte da poesia romana que integra o cânone ocidental.

Uma vez que o relato de Luria acerca do *zimzum* e a conseqüente Quebra dos Vasos é verdade literal, Javé foi ferido gravemente pelo (e durante o) ato da Criação. Um Deus Supremo, tão humano, que degrada a si mesmo, será sempre ambivalente em relação a tudo e a todos, especialmente ao seu Povo Eleito. Se, de fato, antes mesmo do trabalho árduo empreendido na criação, tal povo já constituía a nação visada, esse Deus vai testá-los e favorecê-los, alternadamente, conforme lhe convier. Quando ele está de mau humor, louvores e sacrifícios em templos não bastarão.

Todos convivemos com um abismo na vontade: Hamlet exemplifica a nossa condição, e poucos de nós somos capazes de repetir o feito do Príncipe, que consegue discernir em meio à verdade niilista aniquiladora. Todavia, compartilhamos o dilema de Hamlet; nós também precisamos ser tudo e nada, em nós mesmos, quando nos vemos diante de Javé (a morte), em um confronto final. São Paulo insistia que o último inimigo a ser derrotado seria a morte, mas Paulo viveu e foi martirizado antes que Luria fundisse, permanentemente, Javé e *zimzum*. Os gnósticos a quem Paulo fez oposição, de modo especial em Corinto, eram bem menos ousados.

Luria transformou a opacidade da Lei de Moisés em uma transparência que expõe os limites de Javé. Scholem, que por meio da emanação pacífica das *Sefirot* despreza o neoplatonismo dos primórdios da Cabala, defendia a verdade do gnosticismo judaico de Cordovero e Luria, que separa Javé do mito judeu-mosaico da Vontade de Deus. Para Moisés, a vontade de Javé é livre. Nos Estados Unidos, hoje em dia, Jesus e o Espírito Santo, no pentecostalismo, aproximam-se dessa Vontade, mas, em absoluto, com ela não coincidem. O Jesus norte-americano e o sempre mais vigoroso Paracleto têm liberdade para pintar o sete, no país e no exterior, tudo em nome de Javé (sem a devida autorização) — com quem não se pode brincar impunemente, conforme haveremos de constatar mais uma vez. Isaac Luria, para surpresa dos discípulos, redimiu Caim, que tinha sido resgatado muito antes do seu nascimento — pelo *zimzum*.

A grandeza assustadora de Scholem é o fato de ele ter se disfarçado como historiador de religiões esotéricas, enquanto, astutamente, tornava-se profeta do gnosticismo judaico, um Cordovero ou um Luria do século XX, cujas catástrofes não estão diminuindo nos primeiros anos do século XXI. Não está claro se o Deus da Cabala de Gershom Scholem é utópico e esperançoso, ou tentador e malicioso, ou quiçá todas as alternativas anteriores. Os escritos religiosos canônicos — cristãos, judeus, muçulmanos, hindus, budistas, até mesmo taoístas — irradiam uma perfeição e uma luz que nos destroem, por mais que nos devotemos a absorvê-las. Mesmo que o Jesus norte-americano seja, de fato, o filho de Javé, quem entre nós será suficientemente santo para suportar tamanha luz?

CAPÍTULO 18 A Psicologia de Javé

Se Javé, em escala gigantesca, assume forma humana, e é ou
foi outrora Homem, torna-se possível alcançar algum entendimento dele por meio da divisão tripartite da alma, segundo a Cabala: *nephesh*, *ruach*, *neshamah*. Se invocarmos a
Cabala de Walt Whitman (conforme Gershom Scholem a
chamava, em conversa comigo), o que corresponderia ao
"Mim Mesmo", "Eu Verdadeiro ou Eu Mesmo" e "Alma"?
Imaginemos um Javé whitmaniano proclamando:

Eu creio em ti, minha alma,
Meu outro eu não deverá a ti se submeter,
Tampouco deves ao outro te submeter.

Assim como é com Walt, é com Javé: o "Eu" é o grande "Eu sou aquele que sou", *ehyeh asher ehyeh*, em que a
palavra "*ehyeh*" ("eu serei") é trocadilho que envolve o nome
supremo — Javé — o tetragrama YHWH. Ainda com mais
ousadia, Javé poderia afirmar: "Sou Javé, um dos rústicos,
um israelita." Como é pungente supor Javé referindo-se ao
"outro Eu", "Eu Verdadeiro ou Eu Mesmo", como se esti-

vesse "dentro e fora do jogo, ao jogo assistindo e sobre o jogo refletindo", seja em Mamre, nas cidades da planície de Peniel, ou no Sinai.

A *nephesh*, ou alma, de Javé pode ser chamada de Ficção Suprema, a *persona* de Deus manifestada a fim de situar-se entre o seu ser vivente e sua *neshamah*, a alma que é mistério até para ele. De algum modo, entre a *nephesh* e a *neshamah* de Javé intervém a Shekhinah, que reside dentro dele em união precária com *ruach*, o sopro da vida. No Deus feito Homem (de acordo com o *Zohar*), a parte inicial da alma é a *nephesh*, origem de toda consciência. Mas somente Javé e os espíritos de elite entre nós manifestam *ruach*, à medida que um sentido pleno de santidade é conquistado, em parte devido ao estudo da Torá, em que o próprio Deus é adepto de *neshamah*. A alma do próprio Javé é a modalidade suprema, reservada aos mestres da Cabala.

Sendo, a princípio, elementos do neoplatonismo judaico informados pela reflexão de Aristóteles acerca da mente, esses três graus de consciência assumiram definições tão variadas que já não exibem consistência. Algo semelhante à "fagulha", ou *pneuma*, dos gnósticos sobrevive na *neshamah*, "Javé em nós". Na Cabala luriânica, uma multiplicação estonteante das fagulhas desafia qualquer sinopse apressada. Mas, conforme já afirmei, Javé é o meu foco. O que pode ser aprendido desse Deus desconcertante e humano, a partir da sua cartografia psíquica e das suas vicissitudes?

A tradição pré-cabalista, talvez mais surpreendente do que a própria Cabala, insiste que a Torá, em sua ordem verdadeira (de nós desconhecida), constitui o nome correto de

Javé, do qual o tetragrama YHWH é mera indicação. Na Torá oral, recebida por Moisés no Sinai, o nome verdadeiro foi inteiramente revelado, com a advertência de que era dotado de poder para operar milagres, até mesmo ressuscitar os mortos. Torá é o Grande Nome do próprio Javé, unificando-lhe a consciência tripartite e, na verdade, constituindo-lhe o corpo. Mas, conforme Scholem se aprazia em observar, a Torá, tanto quanto Javé, não pode ser conhecida. Jesus — que, em uma única instância, substituiu o Templo, a Torá e Javé — é conhecido por tantos norte-americanos (de modo especial) que em breve talvez percamos o sentido da inescrutabilidade de Deus.

A Cabala de Gershom Scholem enfatiza o ato de ouvir Deus, mais do que o ato de vê-lo, o que talvez configure um método de apreensão mais judaico do que grego. Em contrapartida, no livro *Through a Speculum that Shines* (Um espelho que brilha, 1994), Elliot R. Wolfson propõe que a gnose visionária seja central à Cabala. Discípulo de William Blake nos longínquos dias da minha juventude, sou favorável à orientação de Wolfson, embora um tanto cético quanto à possibilidade de *ver* os Nomes Divinos, mesmo quando escritos sem subterfúgios. Contudo, as percepções de Wolfson são instigantes no que concerne a um problema central em Javé: ele preserva a própria visibilidade, mesmo quando insiste que não pode e não deve ser visto:

Os místicos judaicos são, primordialmente, intérpretes de escritura. O interesse na visualização do divino decorre, diretamente, de angústia da influência diante das teofanias bíblicas. (p. 394)

Para Wolfson, "a visão de Deus no misticismo judaico é intensamente erotizada". O livro de Moshe Idel, *Kabbalah and Eros* (Cabala e Eros, no prelo), confirma a rejeição veemente que Wolfson faz a um Javé basicamente ouvinte. A partir de Wolfson e Idel, proponho um confronto direto entre dois tipos de mapas da mente: o javista-whitmaniano e o shakespeariano-freudiano. Um Javé movido pelo erótico, mas que é, no entanto, desprovido de lascívia (visto que a Shekhinah, ao menos, origina-se como presença interior), parece-me algo, pragmaticamente, whitmaniano, semelhante ao poeta auto-erótico de *A Canção de Mim Mesmo* e do "Eu Espontâneo". O Homem freudiano é, radicalmente, incompleto: a exemplo das mulheres e dos homens criados por Shakespeare, precisa se apaixonar, para não se sufocar em um eu interior saturado, destino que cabe ao pobre Malvólio, em *Noite de Reis*, ao viúvo Shylock, e principalmente a Hamlet, que não sabe amar. Javé, à semelhança de Walt Whitman, não precisa se apaixonar por ninguém, embora o Rei Davi quase consiga abalar o solitário Deus hebreu. Whitman, a despeito do que tenha se passado na suposta debacle homoerótica (ocorrida no inverno de 1859-60), reproduz, verdadeiramente, a relação de Javé com Shekhinah, ao internalizar a Fantasia — a Amante Interior, conforme Wallace Stevens chamava a Musa que ele, involuntariamente, compartilhava com Whitman. Os protagonistas de Shakespeare e Freud não são, a princípio, poetas, mas Javé é poeta. O rabino Akiba ben Joseph, para todo o sempre, o rabino dos rabinos, insistia na canonização do Cântico dos Cânticos, de Salomão, pois interpretava o referido texto como um poema do próprio Javé, um galanteio apaixonado, em que "minha irmã, minha esposa" seria a Shekhinah. Javé é mais freudiano, ao compartilhar do impulso de morte, conforme expresso em *Além do Princípio do Prazer* — e já mencionei que Freud inventou e, em seguida, rejeitou o conceito de *destrudo*, uma libido negativa que todos nós acreditaríamos possuir, se Freud houvesse resguardado a noção. Contrariando Freud: a libido é um mito; não existe energia sexual isolada. Javé, a exemplo dos homens e mulheres criados por Balzac, dilui sua suposta libido em uma energia geral. Freud, não obstante insistisse desconhecer Schopenhauer, exalta um querer-viver que é bem mais destrutivo do que compraz a Javé.

Macbeth é a identidade shakespeariana preferida por Freud, possivelmente porque o impulso além do princípio do prazer não poderia ser mais ousado do que o é nesse protagonista — na obra de Shakespeare, o substituto de Javé é Rei Lear, que deixava Tolstoi enfurecido e que representa uma linha divisória em termos de arte literária. O eu exterior, o Eu Verdadeiro e a alma se desintegram no rei magnífico, assim como ocorre no Javé de Êxodo e Números, que, irritado, guia, através do deserto, na jornada do Egito até Canaã, o povo que com ele firmara a aliança. Inexiste termo adequado para exprimir a relação de Javé com sua própria *neshamah*, ou alma. Visto que Javé é mais personagem literário do que o foram Whitman e Freud, sinto certo desconforto, ao falar da "psicologia de Javé". Ele jamais vai embora, se bem que gostaria muito que fosse, pois pensar nele é lembrar a minha própria mortalidade. E, no entanto, na Cabala, somos informados de que Deus é o Homem primordial. O *Zohar* diz que nossa obrigação é rasgar o véu da Torá e de Deus — mas como fazê-lo? Quando nascemos, a *nephesh* se nos incorpora, mas Javé (ao contrário de Jesus) não nasce. Todavia, se o *zimzum*, ou retraimento voluntário, foi a origem de Javé, assim como foi a nossa, podemos especular que a primeira inspiração de Deus criou-lhe a *nephesh*. O *ruach* de Javé surgiu, supostamente, no momento em que ele vivificou Adão, mas o que terá propiciado a Javé a primeira constatação da sua própria *nephesh*? É certo que a união com a Shekhinah, que vem a ser a componente feminina do próprio Javé, para todos os efeitos, enseja a consciência expressa da própria alma superior de Yahweh.

Existem poucos paralelos (ou talvez nenhum) dessa situação em Shakespeare e em Freud, conquanto haja, com certeza, um análogo whitmaniano no início de *Canção de Mim Mesmo*. D. H. Lawrence, que a exemplo de Whitman criou uma Cabala inteiramente própria, oferece-nos, no breve romance escrito em final de carreira, *O Homem que Morreu*, um Jesus que também encontra a sua alma superior. Inglês cuja formação o levara a rejeitar o anglicanismo, Lawrence ofendeu, profundamente, T. S. Eliot, conforme evidencia o manual de heresia moderna escrito por Eliot, *Em Busca de Deuses Estranhos*.

O que se pode conjeturar a respeito do conhecimento que Javé tem da sua própria alma? Se o *zimzum* engendrou tanto o cosmo quanto o próprio Deus (na condição de Javé diminuído a Elohim), então, Javé, desde o início, exibiu uma ambivalência diante da criação, inclusive da criação do homem e da mulher. A história dos judeus é uma hecatombe dessa ambivalência diante dos Eleitos. Qualquer pessoa que reflete sobre a Bíblia hebraica se pergunta por que Javé nunca lamenta ter abandonado a si mesmo.

A litania profética que reverbera por toda a Tanak é de que o povo judeu traiu a Aliança celebrada com Javé. Em momento algum nos é informada a outra verdade, mais terrível: a destruição que Deus impõe ao povo aliado. Conforme já mencionei, Gershom Scholem, que raramente se equivocava, erra ao associar as visões de *zimzum* e *shevirat ha-kelim* (segundo Isaac Luria) à expulsão ibérica dos judeus, fato que não teve relevância direta para o Ari Asquenaze, conforme Luria era conhecido. Porém, como de hábito, Scholem, demonstrando possuir grande imaginação, capta os elementos gnósticos da Cabala, obra que, implicitamente, se dirige à alma de Deus e às ausências divinas em relação à própria alma.

2

Na longa história dos judeus, não há figura mais perturbadora do que o falso messias Jacó Frank (1726-1791), cuja seita, em sua maioria integrada por católicos convertidos, subsistiu na Polônia e em outros locais até o final do século XIX, e que talvez ainda hoje conte com alguns adeptos. Jacó Frank foi o derradeiro resquício do falso messias Shabbetai Zevi (1626-1676), de Esmirna, que se converteu ao islamismo, em 1666, arrastando consigo muitos seguidores. O profeta de Shabbetai, Natan de Gaza (1643-1680), defendia a apostasia de Shabbetai como uma necessidade mística (que o próprio Natan, entretanto, não abraçou) e compôs uma Cabala inteiramente gnóstica, a qual continua a ser a doutrina mais radical de toda a tradição judaica, no que se refere à apostasia do próprio Deus. No *Tratado sobre os Dragões*, de autoria de Natan, a psique do messias é submetida à degradação total, uma descida, um isolamento que, em última instância, resultará em elevação:

> Sabei que a alma do rei messiânico existe no *golem* inferior. Pois, assim como o primeiro dragão emergiu no espaço vazio, a alma do messias foi criada pela vontade de

Deus. Essa alma existia antes da criação do mundo, e permanece no grande abismo.

Jacó Frank, cujo espírito também se contorcia ao lado dos dragões, foi considerado o nadir da história judaica pelo mais idiossincrático dos mestres hassídicos, o rabino Nahman, de Bratislava, ainda hoje o grande guia dos sobreviventes bratislavos. Tal distinção manteve-se singular, até que a numerosa comunidade Lubavitch, recentemente, escolheu um substituto para o Rebe falecido, Menachem Schneerson. Na percepção dos seus respectivos seguidores, ambos os mestres têm eminência messiânica.

Invoco aqui o extraordinário Nahman de Bratislava porque ele dispunha de mais reflexões significativas acerca do que eu chamaria de psicologia conturbada de Deus do que qualquer outro estudioso desde Isaac Luria. Nahman era bisneto de Baal Shem Tov ("mestre do bom nome"), o fundador do hassidismo, mas sua personalidade não apresentava, em absoluto, a alegria extática dos seus antepassados. Emocionalmente instável, depressivo e ensimesmado, Nahman foi também um gênio literário, cujas histórias alegóricas, cuidadosamente estruturadas, e cuja *obiter dicta* preservam a sua força retórica.

Nahman fala pouco do bisavô, e o diálogo entre os dois seria impossível. Muitas vezes, quando leio o Rebe bratislavo sinto-me como se estivesse dentro de um monólogo dramático de Robert Browning, digamos, "Childe Roland à Torre Negra Chegou". Também em Nahman, a busca passa por uma região onde tudo está deformado e quebrado, até que, sem percebermos, deparamo-nos com o local procurado. Depois de passarmos a vida inteira preparando-nos para encontrar a tal visão, deparamo-nos com o vazio, do qual o objeto da nossa busca escapuliu. Cercados pela forma viva dos nossos predecessores (entre os quais, Zohar, Luria e Baal Shem Tov), confrontamos a ausência de Deus. Embora nossa reação seja heróica (vale a pena ler as 13 histórias de Nahman), transcendemos a vitória e a derrota. Quanto de Javé sobrevive em Nahman, que se considerava o Messias?

Deus, para o bratislavo, não é mera ausência, resquício de uma antiga presença. Depois de um número excessivo de *zimzum*, Javé, diminuído a Elohim, não pode ser diferenciado do vazio cósmico pelo qual ele perambula. A Torá, que é Javé, foi revista segundo as interpretações de Nahman, inteiramente livres, exceto no que respeita à esfera mosaica da conduta certa. Não existe em Nahman antinomianismo, tampouco qualquer excesso libertino, do tipo encontrado em Shabbetai Zevi ou Jacó Frank. A Lei moral prevalece, mas aquele que a criou, que foi o próprio Ser, evaporou no vazio da dispersão e do sofrimento judaico.

A máxima talmúdica diz, referindo-se a Javé: "Ele é o lugar (*makom*) do mundo, mas o mundo não é o seu lugar." Nahman baseava-se em uma sabedoria mais sombria: o mundo é um lugar do qual Deus se retirou. A Quebra dos Vasos é, para Nahman, a visão luriânica mais crucial.

Um Javé que está sempre a se retrair resulta em um Deus sem fôlego, cuja mudez final talvez seja similar à de alguém que sofre de um mal na faringe. Afônico, Javé ainda é visível, mas apenas como o Ancião do Livro de Daniel, longe de ser o trapaceiro vigoroso que consta da saga da Autora "J". Contudo, visível ou invisível, Deus não é, para Nahman, um guia, se é que um guia se faz necessário a esse que é o mais introspectivo dos Messias, ao menos desde Yeshuá de Nazaré.

Em um romance comovente — *The Seventh Beggar* (O sétimo mendigo, 2004) —, Pearl Abraham conclui a história mais célebre de Nahman — "Os Sete Mendigos" —, que o Mestre, propositadamente, deixou inacabada. Em "Os Sete Mendigos", os enigmáticos *shnorrers* (que são, ao mesmo tempo, velhos e jovens) contam histórias que guardam na memória, embora todos digam *Ikh gedenk gornisht* ("Eu não me lembro de nada!"). Insinuações platônicas de uma existência de Deus anterior ao nascimento são invocadas, sendo o toque do bratislavo explicado, competentemente, por Arthur Green: todo o cosmo e todos nós somos tão originários quanto Javé. A própria criação precede *a* Criação. Todavia, somente seis dos sete mendigos platônicos contam a sua história; a história do aleijado (de modo geral, identificado com o próprio Nahman), no entanto, nunca se concretiza, pois isso significaria a auto-revelação do Messias, a justificativa do próprio Nahman. Demonstrando coragem, Pearl Abraham conta a história:

> E quando as seis histórias tinham sido contadas, os andarilhos voltaram-se para mim, o mendigo que não tinha os pés, e pensaram como era possível eu, sem os pés, ir tão longe, em busca de uma história que valesse a pena ser contada. E lhes contei a história de sete peregrinos que caminharam por desertos e estepes, subindo montanhas e colinas, descendo por vales, passando por campos e riachos, no frio gélido dos invernos e no calor escaldante dos verões, e que, enquanto caminhavam, conversavam. E ficaram exaustos, de tanto andar, falar, ouvir e contar. E lhes contei as seis histórias, palavra por palavra, conforme a mim tinham sido contadas. E quando cheguei à sétima história, a história do mendigo que não tinha os pés, con-

tei a história dos sete andarilhos, arrastando-se e recla-
mando da sorte, cansados e sujos de mato e lama etc. O
tempo inteiro falando, contando histórias. E lhes contei
as histórias contadas pelos peregrinos, contei-lhes as histórias, palavra por palavra, e então contei-lhes a minha
história: a história dos sete andarilhos. E ficou acordado
que eu, o mendigo que não tinha os pés, lento e sempre
na retaguarda, era no entanto o andarilho mais viajado,
mais experiente, porque a minha história continha todas
as histórias. E falei e caminhei, e, a cada passo, entre um
passo e o seguinte, eu tinha um sonho. Em um desses
sonhos, despertei e vi que o Leviatã ainda não tinha apa-
recido, a história não poderia ser concluída. Segui em frente, outro passo, outra história, outro sonho. Entre um
sonho e outro, acordei e me vi em uma vala na qual se
realizava um casamento e, naquela vala, entre os convidados do casamento, encontrava-se o Príncipe que comete-
ra heresia, mas, enquanto ele ali estivesse, enquanto ouvisse e acreditasse nas histórias, sua sabedoria e a heresia
estariam sob controle. O Príncipe ouvia e se alegrava, assim como seu pai, o velho Rei, também um dia se alegra-
ra. Para evitar uma nova queda, eu, o mendigo que não
tinha os pés, devo seguir em frente. Detenho-me apenas
para vos dar o presente de casamento, para que possais ser
como eu sou.

Se o Leviatã de Jó, *i.e.*, a morte, a tirania santificada de
Deus perante o homem, ainda não emergiu, então a promessa da Cabala — de que na Redenção todos nós, companheiros místicos de Jó e do *Zohar*, haveremos de celebrar
a criatura outrora temida — ainda não pode ser cumprida.

A noiva e o noivo, contudo, são um novo Adão e uma nova Eva, o Príncipe que cai é Nahman de Bratislava, e o velho Rei é Javé, disfarçado como Ancião do Livro de Daniel. Se queda, heresia e sabedoria são a mesma coisa, isso é porque o próprio Javé tropeçou na heresia da Quebra dos Vasos. Uma vez que o Ein-Sof luriânico se agrega aos seus perpétuos atos de *zimzum*, *todos* os seus atos são novas quebras dos vasos.

A grande originalidade de Nahman, o grande desvio por ele efetuado em relação à Cabala luriânica, foi negar o *reshimu*, o vestígio da luz de Deus que permaneceu no vazio do *tehiru*, o espaço deixado por Javé no *zimzum* primevo. Sem o vestígio salvador que constitui a luz divina, somos mendigos cujos pés foram amputados e tropeçamos no vazio. Quanto da alma de Javé sobrevive à perpétua Quebra dos Vasos? Prendendo a respiração, o velho Rei se encontra em suspensão contínua, desertando os Eleitos, enquanto os mundos se arruínam. Não obstante o que esse Javé tenha se tornado, é o cúmulo da ironia chamá-lo de ilimitado, defini-lo como "Sem Fim".

Se o próprio Deus, como Elohim, é uma criação tipificada pela catástrofe, então esse Deus, acertadamente, transcende o mito judaico esotérico que diz que ele construiu e destruiu muitos mundos antes deste em que vivemos. Todavia, os Sábios pouco nos ajudaram, ao desbastar as imperfeições de Javé. Existem vantagens, morais e estéticas, em identificar Javé como fenômeno pré-*zimzum*, como o vazio ou abismo que resta após a Quebra dos Vasos. Um Javé sem fôlego, ofegante, retraindo-se perpetuamente e se isolando em Elohim, resguarda o próprio dinamismo e mau humor. Nós (muitos de nós) gostaríamos que ele fosse embora, mas ele não vai. Freud dizia ser necessário nos familiarizarmos com a necessidade de morrer, noção javista, mas prefiro o conselho de Montaigne: Não vos preocupeis em preparar-vos para a morte, pois, chegada a hora, sabereis bem como proceder.

Um cristão *crê* que Jesus foi o Cristo, ungido antes da Criação, para poder perdoar os pecados do mundo. Os muçulmanos *se submetem* à vontade de Alá, explicitada de modo contundente no Alcorão. Minha mãe *confiava* na Aliança, a despeito das flagrantes violações de Javé. Shakespeare jamais poderia levar Javé ao palco, mas criou um retrato, uma substituição excelente — Rei Lear —, que pode muito bem ser analisado pelos mitos da Cabala luriânica. Suponhamos que a abdicação de Lear seja o seu *zimzum*, e sua insanidade e fúria sejam a Quebra dos Vasos.

3

Freud endossou a substituição erótica como a nossa segunda chance de deflagrar o processo de cura da ferida narcísica causada pela perda do objeto do desejo: a substituição do progenitor do sexo oposto pelo progenitor do mesmo sexo. Minha interpretação do *zimzum* como "substituição" aproxima-se do sentido freudiano. Ao se retrair, Javé substitui uma parte do próprio Ser pela sua Vontade. É certo que tal substituição não é questão simples para Deus: com efeito, mesmo antes de Luria, havia tradições que estabeleciam que o nome de Javé foi sempre pré-*zimzum* e que, após se retrair, Javé tornou-se Elohim. Vale observar que, na condição de Plenitude do Ser, Deus continua a ser Javé. Sua Vontade, uma vez dele isolada, chama-se Elohim. Scholem insistia que, sem o momento negativo do *zimzum*, Deus e o cosmo se fundem. Idel localiza em antigos fragmentos de textos judaicos as origens do *zimzum*, um conceito herdado por Cordovero e passado a Luria. Conquanto alguns estudiosos de Scholem ainda se ressintam de Idel, e um crítico literário bem informado como Robert Alter tente descartar Idel, a perspectiva do tempo começa a nos mostrar que Idel está mais próximo do espírito de Scholem do que os discípulos deste. Scholem vislumbrava uma Cabala gnóstica, livre das teosofias de emanação características do neoplatonismo, e Idel demonstra, de modo convincente, que o gnosticismo é, em grande parte, uma paródia de certos elementos fascinantes dos judaísmos arcaicos. Para tal, ele se baseia em textos antigos, inclusive nas versões distintas dos Livros de Enoque, em que a divisão entre Deus e homem é, por vezes, abolida.

O que os posicionamentos de Scholem e Idel ensinam é que a psicologia de Javé torna-se mais humanizada pelo impulso de criar um cosmo, homens e mulheres. Implícita em Scholem e Idel, e explicitada por eruditos como Yehuda Liebes e Elliot Wolfson, concentra-se a força da Cabala cristã, que identifica em Jesus Cristo um segundo *zimzum*, fenômeno que pode ser considerado mais uma retração de Elohim ou Adonai, chegando ao nível do Deus Pai da Trindade. Se Jack Miles quer apreender Cristo como uma crise na vida de Deus, concordo com ele, mas somente a partir da premissa de que o Deus em apreço não é o Javé originário, e sim o Deus Pai, uma sombra de Javé. Se dermos mais um passo, chegaremos ao momento atual norte-americano, em que Deus Pai saiu de cena, cedendo espaço ao Jesus norte-americano e ao rival, cada vez mais forte, o Espírito Santo do pentecostalismo, que mescla hispânicos, norte-americanos de origem africana e brancos espoliados, muitas vezes egressos dos estados do Sul.

Uma sociologia mais atualizada da religião norte-americana quiçá pudesse fundamentar-se em uma reflexão sobre a metáfora do *zimzum* duplamente encenado por Javé: primeiro, retraindo-se em Elohim, e então em Deus Pai, sacrificando seu filho pelo bem comum. O Jesus norte-americano talvez venha a se tornar excessivamente comprometido com o direito cristão de prosseguir como amigo íntimo dos espoliados. O Espírito Santo talvez venha a se tornar a divindade reinante nos Estados Unidos (estranha profecia há muito tempo anunciada por Thomas Pynchon, em *O Leilão do Lote 49*).

CAPÍTULO 19 # A Irreconciabilidade entre Cristianismo e Judaísmo

Que o título deste capítulo possa decepcionar muitos leitores é algo estranho, depois de dois mil anos de fatos irrefutáveis. Há, sem dúvida, benefícios políticos e sociais, permanentes e decisivos, que decorrem do mito da "tradição judaico-cristã", mas as ilusões, em última instância, demonstram-se perniciosas, conforme o foram para os judeus germânicos. O "diálogo entre cristãos e judeus" não é sequer mito — no mais das vezes, trata-se de farsa. Jacob Neusner, nosso maior estudioso dos escritos judaicos que compreendem um período que se estende desde o primeiro século da Era Comum até o século VI (escritos esses compartilhados por judeus e cristãos), diz, com mordacidade, que as duas religiões envolvem "gente diferente, falando de questões diferentes, dirigindo-se a gente diferente" (*Jews and Christians: The Myth of a Common Tradition* [Judeus e cristãos: o mito de uma tradição comum], 1991, pp. 1-15).

Tal diferença, que certamente faz diferença, tem início no contraste marcante delineado por Martin Buber. Os judeus não são instados a *crer*, mas a *confiar* na Aliança celebrada entre Javé, os Patriarcas e os Profetas, de Noé e Abraão, passando por Moisés, chegando a Jeremias e, finalmente, ao rabino dos rabinos, Akiba ben Joseph. Os cristãos *crêem* que Joshua ben Joseph foi o Messias, o Deus Jesus Cristo, encarnado, milagrosamente, no ventre de Míriam, sua virgem mãe, e que ele agora reina eternamente como vice-rei de Deus Pai, na companhia do Espírito Santo, de legiões de anjos e de multidões por ele redimidas e salvas.

Esse Deus Pai cristão exibe apenas uma leve semelhança com Javé, o Próprio Deus, chamado de Alá no Alcorão e de vários outros nomes na Ásia e na África. Nietzsche nos advertia a sempre indagar: "Quem é o intérprete, e que poderio ele busca exercer sobre o texto?"

Jacob Neusner tem um parágrafo esplêndido que, a meu ver, marca o ponto de partida da sabedoria quanto ao contraste que deve ser definido entre esses Deuses rivais, Jesus e Javé:

> Quando, por exemplo, Jesus perguntava às pessoas quem elas pensavam que ele fosse, a resposta enigmática mostrava-se menos interessante do que a questão formulada. Ocorre que a missão que ele se dispôs a realizar, conforme descrita não apenas pelos Evangelhos, mas também por Paulo, contemplava a reestruturação de todo o saber conhecido, reestruturação que procederia do confronto com o saber desconhecido: uma empreitada taxonômica. Quando os rabinos da Antiguidade reescreveram à sua imagem e semelhança toda a Escritura e história de Israel, descartando períodos inteiros como se jamais houvessem existido, ignorando trechos extensos de antigos escritos judaicos, inventando novos livros para o cânone do judaísmo, fizeram a mesma coisa: modificaram o que tinham recebido, à luz do que se propunham a oferecer. *Jews and Christians* (p. 102)

Refiro-me ao Jesus do Evangelho de Marcos, aquele que mais me interessa, ao lado do Jesus do semignóstico Evangelho de Tomé. O que me absorve bem menos do que o Javé original da Autora "J", responsável pelas camadas mais antigas do palimpsesto que inclui Gênesis, Êxodo e Números, é o judaísmo que Neusner, com toda a razão, julga ter sido inventado por Akiba e os companheiros rabinos que viveram no século II da Era Comum. A religião pós-cristã (por mais estranho que isso possa parecer) por eles praticada baseia-se em uma desleitura forte e convincente da Tanak, uma interpretação que visava a fazer frente às necessidades desesperadas do povo judeu que vivia a ocupação e o terror do Império Romano. O Templo fora destruído pelos romanos, no ano 70 da Era Comum, e grande parte de Jerusalém fora igualmente destruída. No ano 135, após o holocausto romano que sucedeu à grande rebelião comandada por Bar Kochba (a última vez que Israel resistiu antes dos eventos de 1947), Jerusalém foi arrasada e Akiba, martirizado, aos 95 anos de idade, pelo abominável Adriano, que massacrou mais judeus do que qualquer outra figura histórica antes de Hitler. O cristianismo tinha substituído o Templo pela pessoa de Jesus Cristo, enquanto Akiba o reconstruiu em cada lar judeu. Javé, que, desde a destruição do Templo, sentiu-se como uma espécie de sem-teto, pareceu estar em exílio voluntário, em algum ponto do espaço sideral, até regressar a Israel, em 1948. No ano de 2004, no momento em que escrevo este livro, só podemos esperar que Javé não volte a exigir a reconstrução do Templo, pois a mesquita Al Aksa foi erigida na área que correspondia ao Templo, e já temos guerras religiosas suficientes, podendo prescindir de uma catástrofe final. Fanáticos, em Jerusalém e espalhados pelo fundamentalismo protestante norte-americano, estão sempre a conspirar a destruição da mesquita inconveniente, e bezerros de puro sangue são criados nos Estados Unidos, como oferendas potencialmente capazes de atrair Javé de volta às imediações do Templo.

Menciono essa loucura tão bem atestada apenas para confessar uma constrangedora diminuição do meu ceticismo diante de Javé. Duvidar-lhe a existência perene é exercício racional, mas ele não é uma entidade estática, ao contrário do Deus Pai cristão. O assombroso dinamismo de Javé faz com que até as suas ausências impliquem supostas perturbações.

Se Jesus Cristo, Deus verdadeiro e homem verdadeiro, está absolutamente distante de Javé (suponhamos, ao contrário de Yeshuá de Nazaré), isso ocorre porque formulações teológicas gregas e memórias da experiência hebraica são, simplesmente, antitéticas.

CAPÍTULO 20 Conclusão:
Prova de Realidade

Deplorar a religião é tão inútil quanto celebrá-la. Onde encontrar a transcendência? Temos as artes: Shakespeare, Bach e Michelangelo ainda bastam para a elite, mas não bastam para o povo. Javé, seja lá como for chamado, inclusive de Alá, não é a divindade universal de um planeta que se encontra conectado por meio da informação instantânea; contudo, Javé permanece, em quase toda parte. Jesus está mais próximo da universalidade, mas seus mil disfarces são tão desconcertantes que chegam a desafiar a coerência. Freud, o derradeiro profeta vitoriano ou eduardiano, subestimava Javé, Jesus e Maomé. Considerava-os quiméricos, e não via para eles grande futuro. Parece irônico que o maior dos gênios judaicos (ao menos, desde Jesus) não tenha sido capaz de vislumbrar a força permanente de textos que não podem desaparecer: a Tanak, o Novo Testamento, o Alcorão. Se me fizessem a célebre "pergunta da ilha deserta", eu seria obrigado a escolher Shakespeare, mas o mundo continua a se afogar na onda sangrenta das escrituras, lidas ou não por ele.

Javé, de quem me esquivei ao longo de três quartos de século, tem uma capacidade impressionante de permanecer e me rondar, se bem que mereça ser condenado por deserção, não apenas por parte dos judeus, mas também de toda a humanidade sofredora. Neste livro, o intérprete é um judeu cuja espiritualidade reage com grande fervor à antiga inclinação por nós denominada gnosticismo, e que talvez não seja uma "religião", no sentido em que o judaísmo, o cristianismo e o islamismo constituem as principais tradições religiosas ocidentais. Eu gostaria muito de rejeitar Javé, conforme faziam os antigos gnósticos, considerando-o mero demiurgo que falhara na Criação e que acarretou, ao mesmo tempo, a Queda. Mas, acontece que, atualmente, costumo despertar sobressaltado, às vezes entre meia-noite e duas horas da madrugada, porque tenho pesadelos em que Javé aparece na forma de vários seres, desde um Dr. Sigmund Freud, que fuma charuto de Havana e se veste em estilo eduardiano, até o Ancião sisudo e enérgico que consta do Livro de Daniel. Arrasto-me escada abaixo, melancólico e calado, para não acordar minha esposa, e tomo chá com pão preto, enquanto leio passagens da Tanak, excertos da *mishnah* e do Talmude, bem como os textos perturbadores que constituem o Novo Testamento e *A Cidade de Deus*, de Agostinho. Em dados momentos, ao escrever este livro, só posso me defender murmurando a máxima de Oscar Wilde, de que a vida é por demais importante para ser levada a sério. Javé, lamento acrescentar, é por demais importante para ser ironizado, mesmo que a ironia possa parecer-lhe tão natural quanto o é para o Príncipe Hamlet.

Ao mesmo tempo que admiro, reajo com ironia a um livro recente, tão razoável quanto limitado, publicado sob o título *The End of Faith: Religion, Terror, and the Future of*

Reason (O fim da fé: religião, terror e o futuro da razão) de autoria de Sam Harris (2004), neurocientista e humanista secular que, acertadamente, mostra-se ansioso em relação ao futuro da democracia norte-americana. Na prática, não divirjo de Harris, mas discordo quando ele exige provas da "existência literal de Javé". Criador e destruidor, Javé está bem distante do cosmo interior da neurociência. Javé contém — e não pode ser contido. A razão não é um instrumento que o mobilize, por mais que possa contribuir para expandir a democracia, limitar o terrorismo muçulmano e o contraterrorismo norte-americano e israelense, ou evitar o horror de uma guerra nuclear hindu-muçulmana, ou do aniquilamento preventivo de Israel em Teerã. Javé, embora evidente apenas como personagem literário, reduziu-nos à condição de personagens literários menores, elencos de coadjuvantes do protagonista dos protagonistas, em um universo mortífero. Javé zomba da nossa mortalidade no Livro de Jó; quanto a nós, somos pouco convincentes quando dele zombamos, e somos autodestrutivos quando, à semelhança de Ahab, arpoamos o Leviatã, rei de todos os filhos da vaidade.

Javé santifica a tirania da natureza diante das mulheres e dos homens: eis a sapiência cruel da história de Jó. São Paulo, hebreu dos hebreus, diz que o último inimigo a ser derrotado é a morte. Os céticos, ao confrontar o islamismo, provavelmente, concordariam com Sam Harris: "O islamismo [...] apresenta todas as características de um grande culto da morte" (p. 123). Harris cita pesquisas de opinião realizadas em países muçulmanos que refutam, flagrantemente, nossos chavões de que terroristas suicidas não contam com o apoio da maioria dos muçulmanos: é certo que contam. Se Javé é senhor da guerra, Alá é terrorista suicida.

2

Contudo, que diferença existe entre a "prova de realidade", segundo Freud, e a noção de Sam Harris, de que "nada é mais sagrado do que os fatos"? Prefiro mil vezes a idéia de William Blake — "Pois tudo que vive é santo" — ao Javé do Deuteronômio, obcecado pela própria santidade, mas nem o fervor de Blake nem a minha melancolia são capazes de afetar o anseio humano por transcendência. Buscamos a transcendência secular na arte, mas Shakespeare, o artista supremo, esquiva-se do sagrado, sabiamente cônscio dos limites da reinvenção do humano por ele efetuada.

Ao longo deste livro, suspeitei de todos os relatos disponíveis acerca do Jesus histórico, e não fui capaz de definir uma identidade entre o judeu de Nazaré e o Deus teológico Jesus Cristo. O ser humano Jesus e o Deus Javé tão humano são (a meu ver) mais compatíveis entre si do que o são com Jesus Cristo e com Deus Pai. Não posso considerar feliz tal conclusão, e sei muito bem o quanto ela deve ser inaceitável a cristãos de fé. Porém, não confio na Aliança, nem em Freud, nem na oposição reducionista, postulada por Sam Harris, entre "o futuro da razão" e o terror de origem religiosa. A necessidade (ou ânsia) de transcendência talvez seja uma grande ignorância, mas sem ela estaremos propensos a nos tornarmos meras máquinas de entropia. Javé, presente *e* ausente, tem mais a ver com o fim da confiança do que com o fim da fé. Será que ele ainda poderá firmar conosco uma aliança que terá condições de cumprir?

Conheça mais sobre nossos livros e autores no site
www.objetiva.com.br
Disque-Objetiva: (21) 2233-1388

Impressão e Acabamento:

Geográfica editora